《国际汉语教师证书》考试仿真预测试卷

（第二辑）

张淑男　邢力钶　白斯达
张一萍　杨　燕　任　磊　编著

图书在版编目 (CIP) 数据

《国际汉语教师证书》考试仿真预测试卷 . 第二辑 / 张淑男等编著 .—北京 : 北京大学出版社 ,2017.12
ISBN 978–7–301–29098–9

Ⅰ . ①国… Ⅱ . ①张… Ⅲ . ①汉语—对外汉语教学—资格考试—习题集 Ⅳ . ① H195.3–44

中国版本图书馆 CIP 数据核字 (2017) 第 328877 号

书　　名	《国际汉语教师证书》考试仿真预测试卷（第二辑） 《GUOJI HANYU JIAOSHI ZHENGSHU》KAOSHI FANGZHEN YUCE SHIJUAN (DI-ER JI)
著作责任者	张淑男　邢力钶　白斯达　张一萍　杨燕　任磊　编著
责任编辑	路冬月　王禾雨　宋立文
标准书号	ISBN 978–7–301–29098–9
出版发行	北京大学出版社
地　　址	北京市海淀区成府路 205 号　100871
网　　址	http://www.pup.cn　　新浪微博：@ 北京大学出版社
电子信箱	zpup@ pup.cn
电　　话	邮购部 62752015　发行部 62750672　编辑部 62753374
印 刷 者	三河市博文印刷有限公司
经 销 者	新华书店
	889 毫米 ×1194 毫米　16 开本　10.5 印张　200 千字
	2017 年 12 月第 1 版　2023 年 2 月第 7 次印刷
定　　价	38.00 元

出版说明

本系列丛书是为国家汉办/孔子学院总部主办的《国际汉语教师证书》考试编写的应试辅导用书。

《国际汉语教师证书》考试是由孔子学院总部/国家汉办主办的一项标准化考试。考试依据《国际汉语教师标准（2012）》，通过对汉语教学基础、汉语教学方法、教学组织与课堂管理、中华文化与跨文化交际、职业道德与专业发展等五个标准能力的考查，评价考生是否具备担任国际汉语教师的能力。

本系列丛书分辑出版，每辑包括三套高仿真模拟试卷、参考答案及精要解析。

本系列丛书的编写思路和特点是严格参照最新考试大纲和样卷编写，准确传达考试宗旨、试题形式和出题原则。另外，丛书编著者均为高校国际汉语教学专业一线教师，或其他教学机构《国际汉语教师证书》考试资深培训教师，他们对历次考试变化和发展趋势有专门的研究和深入的把握，力争通过本套丛书再现最新的考试动态，预测未来考试的特点和发展趋势。

本丛书可用于全面复习前或复习过程中的自我检测，从而针对自己的具体情况确定复习范围和重点；也可用于考前自测，全面检查复习效果，查漏补缺，从而进行有针对性的考前强化复习；各类培训班也可用本丛书进行模拟考试，以检验教学效果。

本书配有在线资源，考生可及时了解考试动态，获得复习及应试指导，并可通过微信群进行复习考试交流。

由北京大学出版社设计开发的在线测试系统为广大考生提供了更多便利，可以进行在线自测、模拟考试，提供试题答案及解析，在线答疑指导及诸多个性化的服务。本丛书与在线测试系统互相依托，优势互补，考生可根据个人情况综合利用，可以大大提高学习效率，有助于顺利通过考试。

北京大学出版社

汉语及语言学编辑部

《国际汉语教师证书》

考　试

仿真预测试卷一

注　意

一、本试卷分三部分：

1. 基础知识 50 题

2. 应用能力 50 题

3. 综合素质 50 题

二、请将全部试题答案用铅笔填涂到答题卡上。

三、全部考试约 155 分钟（含 5 分钟填涂答题卡时间）。

第一部分　基础知识

第 1—6 题

1.“寿”字属于什么结构？

A. 上下结构　　B. 左右结构　　C. 半包围结构　　D. 全包围结构

2. 下列汉字中都属于象形字的是：

A. 如、南　　B. 比、山

C. 比、南　　D. 南、山

3.“海”的第八笔是：

A. 横　　B. 点

C. 竖折　　D. 横折钩

4.“福”对应的造字法是：

A. 象形　　B. 会意

C. 形声　　D. 指事

5. 上图中的汉字均属于哪种书体？

A. 隶书　　B. 行书

C. 楷书　　D. 草书

6.“福如东海，寿比南山”这句话运用了下列哪些修辞手法？

A. 比喻、双关　　B. 比拟、拈连

C. 比喻、对偶　　D. 夸张、排比

第 7—11 题

张红：玛丽，我教你做西红柿炒鸡蛋吧，又好吃又好学。

玛丽：行，我做什么？

张红：来，把鸡蛋打到这个碗里（1），用筷子把鸡蛋搅拌均匀（2），再把西红柿洗洗（3），然后切成小块。

玛丽：你看这么大行吗（4）？

张红：挺好。你把火点着（5），往锅里倒点儿油，把鸡蛋放进去炒一下儿，倒出来。再放一点儿油，把西红柿放进锅里炒熟，把刚才炒好的鸡蛋放进去，别忘了加点儿白糖，最后再加点儿盐。好了，尝尝，怎么样？

玛丽：嗯，这道菜看起来漂亮，做起来简单，吃起来好吃，真不错（6）！

7. “鸡蛋”国际音标的正确写法是：

A. [tɕi，tan]　　B. [tɕʻi，tan]

C. [tʂi，tan]　　D. [tʂʻi，tan]

8. “把火点着”中的“着”一共有几个读音？

A. 三个　　B. 四个　　C. 五个　　D. 六个

9. 在（1）（2）（3）（5）这四个“把”字句中，结构与其他几句不同的是：

A.（1）　　B.（2）　　C.（3）　　D.（5）

10. 下列四个选项中，哪一项与句（4）中的“看”的语义相同？

A. 这道菜真好吃，我也想做做看。

B. 医院规定，星期一不能看病人。

C. 张东昨天看了三套房子，都不太满意。

D. 依我看，这件事还是得跟老师商量一下。

11. 下列对句（6）中“起来”的句法成分和语义解释，正确的是：

A. 作“补语”，本义，表示动作的趋向

B. 作“谓语”，本义，表示带有方向性的动作

C. 作“宾语”，引申义，表示做某件事时的感受

D. 作“补语”，引申义，表示做某件事时的感受

第 12—16 题

> 我上个学期很虚心了．因为我已经上个学期的课完了．还有我的朋友者回国了．我很放弃了．我想我和同学一起去羡慕．

12. 上面一段学生作文中出现了很多偏误，最早提出偏误分析理论的是：

A. 拉多　　B. 科德　　C. 克拉申　　D. 舒曼

13. 关于“偏误”的概念，下列说法正确的是：

A. 偏误是随机性的，大多是由于粗心造成

B. 过度概括、忽略规则限制等都属于语际偏误

C. 局部性偏误与全局性偏误的主要区别是前者不影响交际

D. 系统前偏误指的是学习者知道正确的目的语规则，但总不能正确使用

14. 材料中出现的“上个学期的课完了”属于下面哪一偏误类型？

A. 错序　　B. 遗漏　　C. 误加　　D. 杂糅

15. 材料中的“者”字是一个错别字，该学生实际上是要写哪个字？

A. 昔　　B. 老　　C. 考　　D. 都

16. 学生在“我上个学期很虚心了”这句话中使用“了”可能是因为：

A. 该生认为“了”主要表示时态

B. 该生认为“了”表示动作完成

C. 该生认为“了”表示情况的变化

D. 该生认为“了”表示句子的完结

第 17—21 题

> 静夜思
>
> 床前明月光，疑是地上霜。
>
> 举头望明月，低头思故乡。

17. 下列选项中，哪些汉字的声母都是塞擦音？

A. 前、霜、举　　B. 床、前、举

C. 床、前、思　　D. 霜、举、思

18. 下列选项关于“霜”的声调陈述正确的一项是：

A. 阴平 55　　B. 阳平 35　　C. 上声 214　　D. 去声 51

19. 关于“思”的声母和韵母表述正确的一项是：

A. 塞擦音、撮口呼　　B. 塞擦音、齐齿呼

C. 擦音、齐齿呼　　D. 擦音、开口呼

20. 关于这首诗的作者，拼音书写正确的一项是：

A. Lǐ Bái　　B. LǐBái　　C. Wáng Wéi　　D. Wángwéi

21. 对于《静夜思》这样的古代诗词，对初级汉语学习者来说，最合适的处理方式是：

A. 请学生熟读并背诵，自己体会古诗词之美

B. 请学生用毛笔书写古诗词，感受汉字之美

C. 给学生讲解古代汉语的语法，并要求仿写

D. 分析易懂的诗句，加深学生对意思的理解

第 22—27 题

田芳：等车的人越来越多了（1），咱们还是打的去吧（2），别坐公共汽车了。

玛丽：好吧（3），你看，那边正好开过来一辆空车（4），就坐这辆吧（5）。

（在出租车上）

玛丽：你家住的是四合院吧（6）？

田芳：我家院子里种着一棵大枣树，树上结着很多红枣。一看见那棵枣树就看到我家了（7）。今天请你们尝尝我家的红枣，可甜了。

玛丽：我听说现在住四合院的越来越少了。

田芳：是，现在城市里大楼越盖越多（8），住宅小区也越建越漂亮。很多人都搬进楼房里去住了（9）。我们院子里最近也搬走了五六家（10），明年我们家也要搬走了。

玛丽：太遗憾了（11）！

田芳：我虽然也舍不得离开我们家的小院，但还是希望快点儿搬进现代化的楼房里去住（12）。

22. 句（1）属于什么句式？

A. 存现句　　B. 兼语句　　C. 比较句　　D. 连动句

23. 下列选项中“还是”与句（2）中的“还是”意思相同的是：

A. 今天的作业还是抄写生字。　　B. 还是让小王去比较放心。

C. 你还是带上雨伞吧。　　D. 无论音乐还是运动，他都很喜欢。

24. 对于（2）（3）（5）（6）中出现的四个“吧”的用法，下列解释正确的是：
   A. 句（2）中的“吧”表示请求确认
   B. 句（3）中的“吧”表示提出建议
   C. 句（5）中的“吧”表示接受或妥协
   D. 句（6）中的“吧”表示请求确认

25. 下列四句中，与句（7）中“就”的用法一致的是：
   A. 我下了飞机就给他打电话了。
   B. 别人都来了，就差你一个了。
   C. 麦克每天八点就起床了。
   D. 他家就住在学校南边。

26. 与句（4）属于同一种句式的是：
   A. 句（8）　　B. 句（9）　　C. 句（10）　　D. 句（11）

27. 下列四句中，与句（12）中的“还是”语义一致的是：
   A. 地铁虽然快，我还是喜欢坐公共汽车，可以看风景。
   B. 我们出去吃吧，你想吃米饭还是吃面条？
   C. 他不但长得帅，而且还是篮球队的队长。
   D. 这么多年过去了，这道菜还是这个味道。

第 28—31 题

下面短文中包含了多种常用句式和复句类型，请从 A－F 中选出与其相对应的名称，其中有两个多余选项。

> 留学生宿舍楼一层的黑板上贴着一张通知（28）。上面说有人想把自己的房子租给留学生。玛丽看了以后很高兴。她马上去留学生办公室问了那个人的电话（29）。电话里，那位房东让玛丽第二天八点在市中心的地铁站等她（30）。现在玛丽兴奋得睡不着觉，她打算一签好合同就搬进去住（31）。

28. ________
29. ________
30. ________
31. ________

A. 兼语句
B. 双宾句
C. 连动句
D. 存现句
E. 递进复句
F. 紧缩复句

第 32—36 题

请选择以下句子对应的修辞手法，在 A—G 中进行选择，其中有两个多余选项。

32. 要想皮肤好，早晚用大宝。
33. 饭还一口没吃，他就已经饱了。
34. 爷爷嘱咐我们，在他百年之后一定要简葬。
35. 我就知道，我们之间已经隔了一层可悲的厚障壁了。
36. 政权是由枪杆子中取得的。

32. ________
33. ________
34. ________
35. ________
36. ________

A. 比喻
B. 借代
C. 委婉
D. 双关
E. 夸张
F. 对偶
G. 对比

第 37—40 题

刘老师在汉语培训机构教一个小班口语课，下面是她记录下来的学生基本信息及特点：

大卫：男，美国人，在中国学习两年，仍然有一些基础表达错误，如："我们见面在哪儿?"

李明爱：女，韩国人，在韩国学过一年，来中国半年，说话声音小，不喜欢主动表达，怕说错，表达时喜欢用课本上的原句。

阿隆索：男，西班牙人，来中国一年，热情开朗，总是第一个开口，中国朋友多，经常跟他们学习地道的口语表达。

雅娜：女，德国人，在中国学过两年，练习时开口比较慢，但非常注意语法，几乎没有错误。提问时经常出现"动词""主语"等语法术语。

37. 刘老师在大卫身上发现的问题属于下列哪一类?
A. 语言休克　　B. 文化休克　　C. 语言僵化　　D. 内隐学习

38. 根据刘老师的描述，阿隆索属于下列哪一种风格的学习者?
A. 场独立、审慎型　　B. 场依存、冲动型
C. 场独立、冲动型　　D. 场依存、审慎型

39. 根据刘老师的描述，对提高李明爱语言能力最有效的教学方法是：

A. 交际法　　B. 听说法　　C. 任务式教学　　D. 语法翻译法

40. 根据刘老师对雅娜的描述，她采用的是什么样的学习策略？

A. 认知策略　　B. 交际策略　　C. 元认知策略　　D. 情感策略

第 41—45 题

请选出与下列案例相关的二语习得理论，在 A—F 中选择，其中有一个多余选项。

41. “狼孩儿”的故事。
42. 老师选择略高于学生实际水平的教材进行教学。
43. 美国本土汉语教材中对汉语和英语语序上的差别进行注释。
44. 我们一般先教“把”字句再教“被”字句。
45. “最初语言状态”存在于婴儿学习第一语言之前。

41. ________
42. ________
43. ________
44. ________
45. ________

A. 对比分析理论
B. 语言关键期假说
C. 自然习得顺序假说
D. 偏误分析理论
E. 输入假说
F. 普遍语法理论

第 46—50 题

下面是“教学活动目标序列表”。该表格是根据认知领域中能力由低到高的顺序排列的。

(1) 知道
(2) 理解
(3)
(4)
(5)
(6)

46. 材料中的这一顺序是由谁提出的？

A. 乔姆斯基　　B. 布鲁姆　　C. 马斯洛　　D. 加涅

47. 按照上表中（3）—（6）的顺序，分别应该填入的四项是：

A. 分析　评价　综合　应用

B. 应用　综合　评价　分析

C. 应用　分析　综合　评价

D. 综合　应用　分析　评价

48. 根据这一理论，课堂活动中的“听写”考查的是下列哪种能力？

A. 知道　B. 理解　C. 应用　D. 分析

49. 根据这一理论，教材课后练习中的“改病句”考查的是下列哪种能力？

A. 分析　B. 评价　C. 综合　D. 应用

50. 为了考查学生的应用能力，下列哪种练习方式最合适？

A. 选词填空　B. 阅读理解

C. 用词造句　D. 连词成句

第二部分　应用能力

第 51—57 题

> 以下是某位教师口语课教案的一部分：
>
> 活动题目：模拟角色——人物专访
>
> 任　　务：两人一组。自定角色：A 为电视台记者，负责采访 B；B 为下面的人物之一。
>
> 1. 北京的一位女汉语教师。
> 2. 广西桂林的一名女导游。
> 3. 罗马尼亚驻华大使伊斯蒂乔亚先生。
>
> 步　　骤：全班随机分成 3 大组，每大组负责完成一项采访。采访的内容要拍成录像。
>
> 采访主题：(1) 具体工作职责（如：你/您每天的主要工作是什么?）
>
> (2) 该职业应具备的基本条件（如：你/您觉得怎样才能做一名合格的……?）
>
> (3) 这项工作的意义或乐趣（如：这项工作给你/您带来的最大乐趣是什么?）
>
> (4) 做这项工作的困难或烦恼（如：你/您的最大烦恼或困难是什么?）
>
> 要　　求：1. (1) 和 (2) 是采访的核心
>
> 2. 开始，A 要自我介绍，说明采访目的；采访结束时，A 要表示感谢。
>
> 3. A 要注意 B 的身份，礼貌提问。

51. 以上设计的活动属于：

A. 机械练习　　B. 半开放练习

C. 交际活动　　D. 真实任务

52. 以上活动是为中级水平的留学生设计的，这一活动最主要的教学目标是：

A. 在语流中纠正学生的语音语调

B. 帮助学生积累与职业相关的词汇

C. 学生能够就职业的相关内容进行采访和应答

D. 培养学生把握主要信息和捕捉细节信息的能力

53. “开始，A要自我介绍，说明采访目的；采访结束时，A要表示感谢”是对学生的（　）进行要求。

A. 任务话题　　B. 表述框架

C. 语法形式　　D. 词汇使用

54. “A要注意B的身份，礼貌提问”是对学生语言表达的（　）进行要求。

A. 流利性　　B. 准确性

C. 多样性　　D. 得体性

55. 在这项活动进行之前，最可能进行的活动是哪一项？

A. 听写练习：听写以下生词：记者、老师、导游、大使

B. 听记练习：听某记者的一段采访录音，边听边记录要点：被采访人的职业是什么？这个职业的主要工作职责是什么？完成这项工作需要具备什么条件？

C. 阅读练习：在课堂上阅读1万字的小说《美食家》，并做读书笔记

D. 口语练习：介绍家人的工作，比如：我爸爸是医生，妈妈是律师，姐姐是护士，我是学生

56. 为了保证该活动的顺利完成，教师还需向学生提供的活动支架是：

A. 参考用词：采访活动中常常使用的词语

B. 语法大纲：HSK1－3级语法大纲

C. 表演身份：被采访者的姓名

D. 表演道具：被采访者的照片和服装

57. 在完成这一活动的过程中，有一位很强势的学生提出，中国的职场上有严重的歧视问题，其他学生的兴趣都被吸引了过去，使活动偏离了设计的方向。这时，老师最为恰当的做法是：

A. 立即打断这位同学，要求学生集中注意力完成本课的活动

B. 严肃批评提出问题的同学，并指出他已经多次在课堂上讨论和课程无关的话题

C. 表示自己对这个话题也很感兴趣，请这位同学课后查找相关资料，与大家分享

D. 参与到新话题的讨论当中，举事实、讲道理，让同学们相信中国的职场不存在歧视

第58—62题

大　卫：喂，请问是瑞贝卡吗？
瑞贝卡：是，您是哪位？
大　卫：我是安妮的同学大卫，安妮让我来接你。你出来了吗？
瑞贝卡：出来了，我推着行李车，正往出口走呢。
大　卫：你穿着什么颜色的衣服？
瑞贝卡：我穿着白色T恤和蓝色牛仔裤。
大　卫：我看见了，上身穿着白色T恤，头上戴着白色的帽子，手里拿着红色的手机，是不是？
瑞贝卡：我也看见你了，手里举着一张纸，上面写着我的名字。
大　卫：你好，我来帮你推行李车吧。
瑞贝卡：谢谢你，大卫！
大　卫：不客气。哇，你的行李真重啊！
瑞贝卡：不好意思，两个箱子里都装着我在西安买的工艺品，差点儿就超重了。

58. 这段课文适合什么样的教学对象？
A. 初级阶段的幼年学习者
B. 初级阶段的成年学习者
C. 中级阶段的业余学习者
D. 中级阶段的专业学习者

59. 下列根据这段课文制定的教学目标中，属于认知领域的是：
A. 能够认读并识记课文，话语自然流畅
B. 学会描述自己或他人的外貌特征
C. 引导和培养学生的团队意识，体会合作学习的长处
D. 通过语法的学习，能够掌握动态助词“着”的语义特征和准确用法

60. 以下哪一项是这段教学材料的教学重点？
A. 掌握名词“行李”“衣服”“工艺品”的意义和常用搭配
B. 能够准确区分“戴”和“穿”，并掌握其反义词“摘”和“脱”
C. 掌握“地方＋V着＋人/物”的意义和用法，能够在交际中准确使用
D. 掌握“人＋V着＋衣服/东西”的意义和用法，能够在交际中准确使用

61. 基于这段学习材料设计的教学环节如下，空白处应该是：

组织教学——复习旧课——教授新课——（　　）——布置作业

A. 归纳总结　　B. 明确目标　　C. 引入新课　　D. 机械练习

62. 在对课文进行充分讲练后，可以设计扩展交际练习，下列哪一项设计是合理的？

A. 第一次约见辅导老师：学生背着一个红色的书包，辅导老师拿着一本杂志

B. 两个侦探见面：侦探 A 拿着消音手枪，侦探 B 提着黑色密码箱

C. 妈妈送女儿去学校：妈妈穿着红色的大衣，女儿穿着蓝色的校服

D. 学生去教室上课：老师穿着灰色的西服，学生带着白色的帽子

第 63—67 题

以下是 HSK 阅读考试的试题：

> 表扬也是一门艺术。怎样表扬孩子才会更有效呢？一是表扬要及时，及时的表扬比迟到的表扬更有效果；其次，表扬不仅要看结果，还要看过程，如果孩子“好心”却办了“坏事”，父母也要表扬他的“好心”，鼓励他的积极性；第三，表扬还不能太多，过多的表扬可能会给孩子带来压力。
>
> 这段话主要谈什么？
>
> A. 学校教育　B. 父亲的烦恼　C. 表扬和批评　D. 表扬要注意什么

63. 这道题考查的是哪项阅读能力？

A. 语境中猜词的能力　　B. 获取细节信息的能力

C. 把握主要信息的能力　　D. 跨越障碍进行阅读的能力

64. 这道考题的难度适合：

A. HSK 3 级　B. HSK 4 级　C. HSK 5 级　D. HSK 6 级

65. 老师想把这段阅读材料用于课堂听力教学，在听这段材料之前，老师可以做的是：

A. 请学生回忆家长是如何表扬自己的，是不是所有表扬都有好处

B. 讲练材料中的语言点，并进行扩展练习，以便扫除语法的障碍

C. 把材料内容简单讲给学生听，以帮助学生扫除内容理解上的障碍

D. 请学生阅读这份听力材料，把不认识的词画出来，然后集体答疑

66. 听力课上，在处理生词“及时”时，正确的做法是：

A. 请同学用“及时”造句，来考查学生是否掌握了“及时”的用法

B. 听写含有“及时”的句子，以考查学生是否掌握了“及时”的意思和写法

C. 对比“及时”和“按时”“准时”的区别，以帮助学生巩固“及时”的意义

D. 通过问学生“病人不及时送医院会怎么样”，来考查学生是否理解了“及时”的意思

67. 一个考试，如果它的阅读理解部分与听力理解部分的相关程度超过了它与综合填空部分的相关程度，那么这个考试最可能：

A. 效度很高　　B. 信度很高　　C. 效度不高　　D. 信度不高

第 68—72 题

> 张老师在德国某所孔子学院任教，教授两个初级平行班的口语课。一学期即将结束，张老师出了一套期末考试卷。试卷内容如下：
>
> 一、朗读对话（20 分）
>
> 英男：学习结束后，我打算去旅行。您说去西安好，还是去大同好？
>
> 老师：西安的名胜古迹比大同多，我建议你去西安看看。
>
> 英男：我听说西安比北京还热，大同是不是比北京凉快一点儿？
>
> 老师：看天气预报，今年大同也不比北京凉快。
>
> 英男：西安比大同远得多吧？
>
> 老师：是啊。不过，去西安的车比较多，比去大同更方便。
>
> 英男：好，就听您的。
>
> 二、回答问题（30 分）
>
> 1. 两个人在讨论什么话题？
> 2. 去西安可以看什么？
> 3. 西安和大同，哪一个城市更热？
> 4. 学习结束后，英男会去哪儿旅行？
>
> 三、话题表达（50 分）
>
> 本套试卷评分标准：
>
> 卷面总分为 100 分，学生口试最高不超过 95 分。具体标准如下：
>
> ① 语音、声调、语调：发音清楚、准确，特别是声调；句子语调正确、自然。
>
> ② 语法、句式、词语：语法正确，句式完整；词语使用准确、恰当。
>
> ③ 段落、条理、表达：意思表达清楚、有条理，能够进行流利的成段表达。
>
> ④ ＿(71)＿

68. 口语考试有直接式口语测试和半直接式口语测试两种。关于这两种测试方式的描述，以下说法**不正确**的是：

A. 前者的优点是真实性高，缺点是成本高，效率低

B. 后者最大的优点是省时、省力、效率高

C. 采用直接式口语测试时考官的表情、情绪等可能会影响考生的发挥

D. 后者在评分时做到了完全客观，最大程度上保证了测试的质量

69. 第二部分“回答问题”的设计存在的问题是：

A. 对于学完一学期汉语的学习者来说，试题难度偏低

B. 学生对问题回答的情况依赖于阅读能力，不能完全考查口语能力

C. 在这部分试题中，教师无法对学生的语音、声调、语调进行评估

D. 只考查了学生对细节信息的捕捉，没有考查学生对主要内容的把握

70. 第三部分“话题表达”合适的题目是：

A. 介绍你的宗教　　B. 谈谈对性别歧视的看法

C. 介绍一项你喜爱的运动　　D. 推荐一个可以去旅游的好地方

71. 评分标准的第四项应该是：

A. 肢体语言丰富、表情自然

B. 逻辑清晰、表述完整、有说服力

C. 语言使用符合社会规约、自然得体

D. 选用句式正确，无语病

72. 一群在北京某大学的留学生计划暑假从北京出发，一路向西游览，最后到达喀什。但是他们现在还不确定西安之后的下一站行程。你觉得下列哪一处名胜古迹最合适？

A. 莫高窟　　B. 云冈石窟

C. 殷墟遗址　　D. 喀纳斯湖

第 73—77 题

请给下列词语的讲练选择合适的方法。从 A—F 中选择，其中有一个多余选项。

73. 抬
74. 枯燥
75. 偏偏
76. 售货员
77. 外交部

A. 翻译法
B. 情境法
C. 以旧带新法
D. 反义释义法
E. 直观释义法
F. 语素释义法

73. ________
74. ________
75. ________
76. ________
77. ________

第78—81题

某汉语中心正在为即将来校参加培训的香港某大学MBA班设计课程。这个MBA班的学生将在北京进行为期两个月的中文强化培训。这些学生背景多元，有印度人、日本人、意大利人、美国人等，以前没有学习中文的经历，但是他们都认为学习汉语有助于以后找到更好的职业发展机会。该汉语中心设计了以下课程：

课程名称	上课时间	授课形式
汉语口语速成	8：00am—9：50am	小班教学
汉语教程听力篇	10：00am—11：50am	小班教学
张老师教汉字	1：00pm—1：50pm	小班教学
中国社会与文化	2：00pm—3：50pm	大班教学

78. 该中心设计的课程主要是从什么角度进行划分的？

A. 语言知识　　B. 语言技能

C. 特殊目的　　D. 文化知识

79. 这些学生的学习动机属于：

A. 经验动机　　B. 融入型动机

C. 职业发展动机　　D. 重要他人影响动机

80. 该汉语中心打算安排一些课外活动，以下哪项活动最符合这些学生的学习需求？

A. 去梅兰芳大剧院看演出

B. 体验北京特色小吃

C. 学习中国功夫

D. 参观本土公司

81. 学习结束后，该汉语中心对这些学生进行了口语测试。根据测试的内容特点划分，口语测试属于：

A. 主观型测试

B. 综合型测试

C. 分立式语言测试

D. 常模参照测试

第 82—86 题

玛丽：你昨天去哪儿了？
麦克：张东带我去参加了一个中国人的婚礼。
玛丽：怎么样？听说中国人的婚礼很热闹。
麦克：是！我是第一次参加这样的婚礼。屋子里挂着大红灯笼，墙上贴着一个很大的红双喜字。桌子上摆着很多酒和菜。新娘长得很漂亮，穿着一件红棉袄，头上还戴着红花。新郎是一个帅小伙儿，穿着一件蓝色的西服，系着红领带。他们笑着对我们说："欢迎！欢迎！"新娘热情地请客人吃糖，新郎忙着给客人倒喜酒。孩子们不停地说着、笑着，热热闹闹的，气氛非常好。
玛丽："喜酒"是什么酒？
麦克：结婚时喝的酒中国人叫喜酒，吃的糖叫喜糖。所以，中国人要问"什么时候吃你的喜糖啊"，就是问你什么时候结婚。
玛丽：是吗？

82. 这段课文教授的语言点是：
A. 动态助词"了"
B. "是……的"结构
C. 动词＋"着"
D. 疑问句

83. 这段课文中的哪些词语适合作为生词？
A. 昨天、婚礼、客人
B. 热闹、热情、非常
C. 挂、贴、摆
D. 酒、糖、菜

84. 学习完本课的课文后，老师当堂出题，考查学生对课文的掌握情况，这种检测方法属于：
A. 学能测试
B. 诊断测试
C. 成绩测试
D. 水平测试

85. 中国传统婚礼习俗中，有"三朝回门"的做法。这具体指什么？
A. 结婚仪式上，新郎新娘拜完天地与高堂，以及夫妻对拜之后，进入洞房
B. 在结婚仪式上，新娘先后三次迈过火盆，正式进入夫家
C. 夫妻结婚九天之后，娘家人前往婆家拜访
D. 新婚的第三天，妻子在丈夫的陪伴下回娘家

86. 在课堂上，有个学生认为，中国的婚礼用红色布置会场、新娘穿红色非常奇怪，一点也不美，作为教师，你如何回应最合适？

A. 及时打断学生的提问，告诉学生这一问题与本课教学内容不相关。因为汉语课的时间非常有限，所以上课的时候应该集中注意力学习语言知识，不要去想别的问题

B. 严肃地告诉学生喜欢红色是中国的特色文化，对别国的文化提出质疑是非常不礼貌的行为。红色代表了很多美好的寓意，学生不应该把自己的无知当有趣

C. 问问其他同学怎么想，暗示学生回答：红色代表了喜庆和吉祥，包含了中国人的祝福。让提出意见的同学明白：红色是非常美好的颜色

D. 举例说明不同国家对颜色的文化理解是不同的。在婚礼上，中国新娘穿红色，有些国家新娘穿白色，还有些国家新娘穿蓝色，分别代表了不同的含义

第 87—90 题

3.8—3.28 是第 22 届法语文化节，在北京法国国际学校工作的王老师打算利用这次机会组织一些活动，希望让学生在中文课上有机会介绍自己所属法语区国家的特色文化。以下是她的活动日志：

活动前	先跟主管老师沟通，明确了此次活动的目的、时间，并得到了校方的支持。 申请了一笔经费，购买了一些奖品。 根据国别将班上的同学分成五个小组。 提前告诉他们活动将在两周后的中文课上举行。
活动进行	两周的时间很快到了，同学们在中文课上讨论得很热烈，用法语分享、汇报了自己国家的特色文化，老师建议学生用中文介绍，学生反映用中文介绍太难了。
活动后	每个组都得到了奖品。 王老师自己觉得这次活动进行得并不成功。

87. 王老师认为这次活动进行得并不成功，你觉得最可能的原因是什么？

A. 小组汇报后，老师没有及时点评

B. 分组太草率，过于简单，缺乏设计

C. 在为期两周的活动准备期，没有监管学生们是否准备

D. 小组汇报没有体现课堂活动以达到语言教学目标为导向的原则

88. 关于王老师活动前的准备，你觉得以下最**不需要**增加的是：

A. 需要进一步细化活动的流程

B. 需要告诉学生评价获胜小组的标准

C. 需要明确此次活动汇报时必须使用哪些中文

D. 需要提前告诉学生邀请父母来参加这次文化分享课

89. 王老师以国别为根据进行分组，这种分组方式属于：

A. 就近分组　　B. 同质分组　　C. 随机分组　　D. 差异分组

90. 以下是对活动后教师点评的描述，**不正确**的是：

A. 教师的点评语言应该简明扼要

B. 学生点评有时候可以作为教师点评的补充

C. 教师的点评要以鼓励为主，也要适当指出问题和错误

D. 教师的点评只说优点就行，不足之处可以私下跟学生说

第91—95题

场景一：麦克上课时总有小动作，碰碰这个，惹惹那个。

场景二：杰克课下喜欢交流，可是口语课上他怎么也不愿意开口回答问题。

场景三：一位新手老师在讲解“就”和“才”的区别时，把规则讲反了。

场景四：一位来自菲律宾的学生用“话题”一词造句时说：“南海是中国的吗？菲律宾人常常讨论这个话题。”其他学生面面相觑。

91. 课堂问题行为产生的原因**不包括**以下哪项？

A. 老师有没有鲜明的授课风格

B. 学生希望引起老师的关注

C. 教学内容枯燥、难度大

D. 教室拥挤、闷热、空气循环差

92. 制定好课堂规则可以有效避免问题行为的产生，以下哪个因素是在制定规则时**不需要**考虑的？

A. 教育环境　　B. 空间布置　　C. 学生特点　　D. 教师职责

93. 场景一、二中学生的“不配合”是常见的教学困境，以下解决方法**不合适**的是：

A. 课下真诚、直接地跟学生沟通，了解学生的想法

B. 教师应该考虑增强课堂的趣味性以减少学生开小差的可能

C. 某些学生目的就是挑战老师的威信，老师需要给他们来个下马威

D. 教师要反思是否设计的提问和活动太难，超出了学生的能力

94. 场景三关于“就”和“才”的区别，以下哪项说法是正确的：

A. “就”表示客观事实，“才”表示说话人的主观判断

B. “就”表示不久后即将发生，“才”表示不久前刚刚发生

C. “就”强调动作行为发生得晚或慢，“才”强调动作行为发生得早或快

D. “就”强调事情不易做或进行得不顺利，“才”强调事情容易做或进行得顺利

95. 为了保证课堂管理规则的有效实施，以下哪项是**不需要**注意的？

A. 赋予学生主动权　　B. 把握管理的尺度

C. 外部资源的支持　　D. 了解学生的家庭背景

第96—100题

> 央视一档文化类演播室益智竞赛节目《中国诗词大会》一经播出，就引起了广泛的关注。节目“以‘赏中华诗词、寻文化基因、品生活之美’为主旨，通过‘展现诗词之美、分享诗词之趣’，唤醒人们对古典诗词的记忆”。节目中，选手精彩的“飞花令”对战环节扣人心弦，不仅考验一个人的诗词功底，也大大增强了节目的观赏性，还让更多人开始重新关注中国文化宝库中的诗词瑰宝。
>
> 中国古典诗词的大家庭中，律诗的创作有一套严格规则。一首律诗一般包含八句，每句五个字或七个字，每个字有一定的平仄要求。分为首、颔、颈、尾四联，颔、颈两联的上下句要求对仗，因此对创作者的要求极高。

96. 材料中提到的“飞花令”与下列哪项活动相近？

A. 荡秋千　　B. 对春联

C. 曲水流觞　　D. 那达慕大会

97. “飞花令”这一名称的来源是什么？

A. 源自唐代韩翃之诗“春城无处不飞花”一句

B. 花是进行“飞花令”的必备道具，在参加者中间来回传递

C. 为“飞花逐月”之省，因文人雅士常于春夜切磋“飞花令”

D. 参与者用雅致的诗歌“对弈”，你来我往，营造出的意境有如漫天飞花

98. 下列诗句中，哪一项可能是律诗的颔联？

A. 离离原上草，一岁一枯荣。

B. 老当益壮，宁移白首之心？穷且益坚，不坠青云之志。

C. 强欲从君无那老，将因卧病解朝衣。

D. 金阙晓钟开万户，玉阶仙仗拥千官。

99. 中国诗歌发展进程中，宋词是继唐诗之后的又一座高峰。“词”虽盛于宋代，但其形成时期其实更早。它形成于：

A. 三国时期　　B. 南北朝　　C. 唐代　　D. 五代十国时期

100. 如果需要向中级水平学生介绍与中国古典诗词相关的内容，下列哪一种做法相对适合？

A. 简要介绍一两位著名诗人

B. 通过古典诗词学习汉字、词汇、语法

C. 简要介绍古典诗词的声律、格式等规则

D. 告诉学生什么时候、如何在表达中引用古典诗词

第三部分　综合素质

本部分为情境判断题，共50题。

第101—135题，每组题目由情境及随后的若干条与情境相关的陈述构成。每条陈述都是对情境的一种反应，包括行为、判断、观点或感受等。请先阅读情境，然后根据你对情境的理解，判断你对每条陈述的认同程度，并在答题卡上填涂相应的字母，每个字母代表不同的认同程度。说明如下：

A	B	C	D	E
非常不认同	比较不认同	不确定	比较认同	非常认同

例题：

杨老师刚到悉尼的一家孔子学院工作，她的学生都是六七岁的小朋友。在同事的帮助和指导下，杨老师备好了前几堂课。第一次课的内容是向学生们介绍中国的国旗、国徽和国歌。当她在课上播放完《义勇军进行曲》之后，小朋友们都觉得这首歌非常“cool”和“powerful”，要求杨老师教他们唱，这让杨老师十分意外。

面对这种情况，如果你是杨老师，请你给出对下列陈述的认同程度：

1. 答应学生的要求会打乱自己的教学安排，而且作为新老师，开展事先没有准备的教学活动可能会力不从心。
2. 难得学生表现出了对课堂内容的强烈兴趣，应满足他们的要求，并利用这个机会，更深入地介绍中国的国旗、国徽和国歌。
3. 告诉学生之后的课会安排教唱中国国歌，课后向有经验的同事或者领导请教，听取他们的建议。
4. 给学生发放音频资料，让学生利用课余时间自行学习，这样既不打乱教学安排，又能满足他们的要求。

作答示例：若你对第1题的陈述比较不认同，则选择B；若对第2题的陈述比较认同，则选择D；若对第3题陈述非常不认同，则选择A；若对第4题陈述的认同程度介于“比较不认同”和“比较认同”之间，则选择C。各题之间互不影响。

第 101－107 题

在李老师的汉语课堂上，哈萨克斯坦学生阿里汉语水平较差，在课堂上很沉默，很少回答问题，这让李老师感到很头疼。有一次，李老师分别将问题 1、2、3 分配给了阿里、玛丽和皮特三个学生。阿里要求换一下要回答的问题，因为他想回答问题 3。李老师觉得难得阿里愿意回答问题，于是答应了阿里的要求，让阿里回答问题 3，而皮特则回答问题 1。没想到皮特很不高兴地说："为什么让我回答问题 1？我本来是要回答问题 3 的，我不同意跟阿里换。"

面对这种情况，如果你是李老师，请你给出对下列陈述的认同程度：

101. 在课堂上老师是绝对的主导，不应该被学生牵着鼻子走。
102. 阿里主动要求回答问题 3，是一种进步的表现，应该及时鼓励。
103. 如果阿里有换题目的权利，那么其他同学也有，大家都可以自由选择。
104. 公平起见，在换题目前，应先征求皮特和其他同学的意见，达成一致。

为了缓解这种尴尬，李老师做了一个决定：因为问题 3 是一道主观题，阿里和皮特可以同时回答问题 3，而请另外一位学生马丁来回答问题 1。然后大家一起来讨论一下，谁回答得更好。结果皮特胜出，阿里因此非常沮丧。

面对这种情况，如果你是李老师，请你给出对下列陈述的认同程度：

105. 一视同仁，在课堂上公平对待每个学生非常重要。
106. 通过比赛的形式，既解决了问题，又激发了学生的积极性，一举两得。
107. 在以后的教学中，不应该提前分配任务，应鼓励学生主动回答每个问题。

第 108－111 题

在牛老师的一堂汉语阅读课上，课文中出现了"不听老人言，吃亏在眼前"这句话。一个学生读后，对牛老师和全班同学说："老人的话可能是错的，为什么我们必须听老人的话呢？"李老师解释说："因为一般来说，老人更有经验。"这个学生又回答："老人的经验来自他们年轻时期的生活，而那个时候的生活跟现在不一样。"

面对这种情况，如果你是牛老师，请你给出对下列陈述的认同程度：

108. 说明"听老人言"是不少中国人在遇到困难或问题时，所采用的一种方式，并问全班同学，是否也愿意采用这种方式。
109. 用具体事例来阐明"不听老人言，吃亏在眼前"，引导学生发现"听老人言"的益处，培养他们"听老人言"的好习惯。

110. 必须明白，不同文化的人对“经验”这个问题有不同的看法。
111. 对于这个话题，本来就是不同的人有不同的理解，所以不作讨论，继续进行教学。

第 112—115 题

> 王老师在国内一所大学教中级汉语口语课。今年，班上来了一个新生Tim。Tim的口语很好，很喜欢跟中国人交流，但不久王老师却发现Tim在课上反而不愿意开口。有一天，王老师为了鼓励他说话，就点名让他回答问题，没想到Tim却说：“我不想在这里回答，如果你想知道我的答案，我可以下课之后告诉你。”

面对这种情况，如果你是王老师，请你给出对下列陈述的认同程度：

112. 告诉Tim，这不是学生应有的态度，而且课上每个人都要积极参与，所以他必须得回答。
113. Tim是成年人，有权利拒绝回答老师的问题，这种情况可以跳过，转而问别的学生。
114. 课下跟Tim沟通，询问他拒绝回答问题的原因，与他一起解决问题。
115. 跟其他教Tim的老师交流，如有类似情况，尽快联系Tim的家长。

第 116—122 题

> 郭老师在国外一所小学教汉语。为了帮助学生培养学汉语的兴趣，郭老师给他们都取了中文名。比如一个名叫Lea May Gore的女孩，郭老师给她取名“高丽梅”，但他自己一直口误说成“高美丽”，大家都很尴尬。某节课上，郭老师再次口误，小姑娘在同学的哄笑声中哭着跑出了教室。

面对这种情况，如果你是郭老师，请你给出对下列陈述的认同程度：

116. 本来是一片好心，结果出了差错，真后悔给学生取中文名字。
117. 叫错别人的名字，是不尊重人的行为，应该及时向学生道歉，并努力记住学生的名字。
118. “高美丽”也是个很积极正面的名字，同样能和学生的本名相联系，不妨改成这个名字，方便大家。

一段时间后，郭老师和一个中国同事闲谈时，偶然听说高丽梅的妈妈在一次家长会上向班主任提到了这件事情，并表达了对郭老师的不满。

面对这种情况，如果你是郭老师，请你给出对下列陈述的认同程度：

119. 家长没有直接找自己，说明问题不大，贸然去找家长可能反而会使事情变得更复杂。
120. 先了解一下具体情况，静观其变，但做好道歉的准备。
121. 应该尽快与家长进行沟通解释。
122. 这件事不太适合与外方人员讨论，应在中方内部商量解决问题的办法。

第123—125题

李老师在国外某孔子课堂任教。一直表现很好的学生Caleb最近突然变得无心学习，而且在李老师的课堂上纪律也很差。李老师放学后给Caleb的家长打电话，指出Caleb表现不好，本想借此向家长了解原因，希望家长能积极地配合。没想到，还没等李老师开口询问，家长就表现出不理解、不耐烦的情绪，认为"别的老师都不觉得有问题，怎么就你打电话说Caleb不好"。这让工作认真负责的李老师觉得莫名其妙，同时也很受打击。

面对这种情况，如果你是李老师，请你给出对下列陈述的认同程度：

123. 既然Caleb的家长都不关心Caleb在校的表现，自己也不必对Caleb有更高的要求和期待。
124. 向学校有关负责人汇报，说明情况，征求他们的建议或请校方出面调解。
125. 今后应该适当多和家长联系，让家校沟通更顺畅，而不仅仅是出了问题才找家长。

第126—129题

王老师在意大利的一所孔子学院任教。去年圣诞假期前，王老师给学生布置了一个假期作业，请学生们结合自己对圣诞节和中国春节的了解，自选角度写一篇文章。节后，王老师失望地发现，很少有人做了作业。一个叫Fabio的学生道出了很多同学的想法：圣诞节是最重要的节日，该放松的时间就不应该用来做作业。

面对这种情况，如果你是王老师，请你给出对下列陈述的认同程度：

126. 应该尊重当地民俗和学生习惯，节假日期间避免留耗时较长的书面作业，将作业改为口头形式。

127. 作业是教学活动中的重要环节，而且语言学习中，听说读写都不可或缺，留书面作业的做法没有问题，应该让学生认识到完成作业的重要性。
128. 学生不过是拿节假日当借口，按时完成作业很重要，不应该分“平时”和“节假日”。
129. 在安排作业之前和当地老师讨论，熟悉当地的教学习惯。

第130—133题

> 魏老师被派到国外一所学校任教。当地学校为他安排住宿时，魏老师希望能和当地人合住，以便更好地融入当地生活。学校满足了魏老师的要求。
>
> 合住的Rafael性格开朗、直率，魏老师很快就和他成为了好朋友。但正因如此，Rafael也更加随意，比如，他做家务的频率就明显不如最开始，物品也随意堆放，找东西时，也往往把家里翻得很乱。而且Rafael经常邀请他的各种朋友来家里，有时候也让魏老师和他们一起玩。时间长了以后，魏老师觉得自己的生活和工作受到了影响，特别是Rafael的朋友往往一待就到深夜，他们放声笑谈，严重影响了魏老师的备课和休息。

面对这种情况，如果你是魏老师，请你给出对下列陈述的认同程度：

130. 自己的工作受到了严重影响，但因为这间房当初是学校帮忙租赁的，所以直接找学校解决。
131. 和Rafael好好谈谈，说明自己的情况，请他不要打扰自己的生活和工作，给自己争取一个舒适环境。
132. 调整自己的生活和工作方式，比如改为在学校办公室备课。
133. 自己着手寻找中介或者房屋出租人，换到一个更利于自己生活与工作方式的地方。

第134—135题

> 韩老师的课上，有一名学生的某句表达略显生硬，韩老师觉得这种情况下，用“趁”更地道，就借机向全班稍微补充了“趁”这个词及其大致用法，但板书时，韩老师却一时想不起“趁”的写法，努力回忆之后，终于下笔。课后韩老师猛地反应过来，他课上所写的并不是“趁”，而是“趋”。

面对这种情况，如果你是韩老师，请你给出对下列陈述的认同程度：

134. 下次课上向学生承认自己写了错字，并请他们在各自的笔记上作相应的改正。
135. 今后教学要完全以课程大纲为参照，不补充超纲词汇或表达，免得加重学生负担，自己也有可能没把握。

第 136—150 题，每题由一个情境和四个与情境相关的陈述构成，每个陈述都是对这个情境的一种反应，包括行为、判断、观点或感受等。请先阅读情境，然后根据你对情境的理解，从 ABCD 四个陈述中选出你认为在此情境下最为合适的反应。

例题：

李敏在日本一所学校教汉语，刚到日本时，她选择与一位日本同事合租公寓。日本对垃圾分类有严格的要求，虽然李敏很注意垃圾的分类，但由于之前并没有这方面的经验，所以还是经常弄错，甚至导致邻居投诉，室友也多次因此事指责她，言语之间甚至认为李敏没有素质。

根据上述情境，如果你是李敏，请你给出最为合适的选择：

A. 无需多解释，自己努力学习如何处理垃圾，在不与室友和邻居发生冲突的情况下解决问题。

B. 主动向室友和邻居道歉，说明原委，并向室友寻求帮助，向她学习垃圾分类的方法。

C. 鉴于和室友以及邻居目前的关系不太好，还是尽快找中国同事合住，以便度过适应期。

D. 被室友和邻居误解太没面子了，须尽快从中国同事那里学习垃圾分类的技巧。

答案：B

第 136 题

在阿拉伯地区某孔子学院任教的夏老师一直深受学生的尊敬和喜爱。但是有一次，学校举办文化活动，夏老师为了借此展示中国文化，特意穿了一件漂亮的旗袍出席，没想到引起了一些当地参加者在背后的指指点点，认为夏老师衣着“不检点”。

面对这种情况，如果你是夏老师，请你给出最为合适的选择：

A. 不可能再回去换衣服，所以为了活动的进行，对他人的说法不予理睬。

B. 借此向当地参加者展示和介绍中国的服饰文化。

C. 找机会解释自己选择这件旗袍的初衷，必要时向当地参与者致歉。

D. 坚决维护本族文化的审美观，以及自己在服饰选择上的权利。

第 137 题

一天，北京某中文培训学校来了一位新学生 Rachel。她之前在国内比较系统地学过几年中文，口语不错，现在希望能进入已经开始的中级班学习。但是学校了解后发现，她之前一直都是学习中文听说，没有真正接触过汉字，如果跟着中级班上课，汉字认读会是很大的困难。

面对这种情况，如果你是学校的教务负责人，请你给出最为合适的选择：

A. 将 Rachel 安排到初级班，便于她系统有效地从头学习汉字。

B. 将 Rachel 安排到中级班，但考虑到她的具体情况，强调口语听说，对汉字的认读和书写不作过高要求。

C. 先将 Rachel 安排到中级班，但要求她自己课下突击汉字。

D. 建议 Rachel 在进行中级班课程之前或者同时，另上专门的汉字课。

第 138 题

外派汉语教师志愿者小赵在某班的第一堂课上，先大致介绍了汉语的概况，并问同学们，除了中国，他们还知道哪个国家也使用汉语。小赵期待的答案是“新加坡”，但是同学们有人说不知道，有人说台湾，有人说香港，还有人说西藏。

面对这种情况，如果你是小赵，请你给出最为合适的选择：

A. 告诉同学们台湾、香港和西藏都是中国的组成部分，不能称之为“国家”。

B. 感觉同学们对中国缺乏了解，但也不强求他们一定要和自己的观点一致，让这个插曲不了了之。

C. 告诉同学们，他们的答案都不对，并宣布正确答案，以纠正他们。

D. 向自己所在的孔院报告此事，并向当地学校提出抗议。

第 139 题

在德国任教的马老师最近遇到一个问题，他在课件中用的所有图片展示只出现过中国人和白人的形象，很多学生因此指责他是“种族主义者”，对他和他的汉语课都越来越不热情。

面对这种情况，如果你是马老师，请你给出最为合适的选择：

A. 为自己辩护，阐明选什么图片并不能证明一个人是不是“种族主义者”，消除误解。

B. 说明自己并无种族歧视的态度，承认自己在选取图片时考虑不周。

C. 说明对很多中国人而言，白人是最典型的“外国人”，用他们的照片辅助教学，代入感最强。

D. 用事实表明某些德国人也存在种族主义，所以大家都不必互相苛责。

第 140 题

> 江老师在讲授“颜色”这个话题时，把颜色词和京剧脸谱相结合，并在课上播放了一段“美猴王”的京剧武打戏。一部分学生很喜欢，但也有部分学生看完后问江老师：“怎么京剧都是打杀的内容？太暴力了！”

面对这种情况，如果你是江老师，请你给出最为合适的选择：

A. 再找一段不含打杀情节的京剧，和同学们一起观看，证明京剧不仅只有武打。

B. 简单向学生解释，武打只是京剧的一部分，是情节需要，然后展开新的教学环节。

C. 向学生承认，准备这个选段确实欠考虑，并请大家在课下自行搜索更多的京剧表演视频。

D. 以此切入，引导学生尝试用汉语讨论，京剧里的武打场景是不是宣扬暴力。

第 141 题

> 王老师在意大利一所大学担任中文教师。某堂课的教学重点是“连……也/都……”，但 Roberto 学起来有些吃力。虽然王老师一再耐心讲解，Roberto 也多次尝试，但仍说不对。最后 Roberto 又急又气，问王老师：“如果我不用这个句型，中国人有没有可能明白我的意思？”王老师说，实际情况中当然有可能。于是 Roberto 说：“那我就不用这个句型了！”而且说什么也不再参与这堂课的活动。

面对这种情况，如果你是王老师，请你给出最为合适的选择：

A. 指出 Roberto 有畏难心理，这样的态度不利于提高中文水平，并要求他完成教学任务。

B. 课上允许 Roberto 换一种方式表达类似的意思，并在课下沟通，帮助补习。

C. 继续耐心讲解，鼓励 Roberto 再次尝试，直到掌握，提高他的信心与能力。

D. Roberto 主要是生自己的气，所以这节课暂时不理睬他，等他自己平复心情。

第 142 题

> 李老师在某视频分享网站发现了一段视频特别适合自己的学生，并打算作为下次课的教学材料。但那天当李老师在课上打开链接的时候，发现视频加载非常缓慢，一时根本无法正常播放。原来，学校为了保证全校网络使用顺畅，在流量方面有一些限制。

面对这种情况，如果你是李老师，请你给出最为合适的选择：

A. 请学校的技术人员解除流量限制，暂时允许加载视频，保证教学顺利进行。
B. 讲授新课，把今天的视频材料放到下节课去学习。
C. 一边让学生复习旧课，一边等待视频加载。
D. 用文字和口头的方式，向学生转述视频的内容和知识点，并展开教学。

第 143 题

> 在某大学工作的周老师本学期新接了一个国际班的汉语口语课。她发现班里有好几名学生无论课上课下，都只跟同母语的同学交往，有时候一起做课堂活动时，彼此还用母语交流。

面对这种情况，如果你是周老师，请你给出最为合适的选择：

A. 学生是成年人，有自己择友的想法，和谁交往是他们的权利，不应多干涉。
B. 在今后的活动分组和结对时，加入一些随机的成分。
C. 向学生说明，学习语言的过程中，和不同文化背景的人交流非常重要。
D. 和同学商议，集体制订规则，避免相同母语者在课上交流。

第 144 题

> 一天，在美国某中学孔子课堂工作的陈老师刚走进教室，就有两个同学提出来，想去学校的草坪，大家围成一个圈来上课。这一提议得到了很多同学的支持，但也有部分同学不喜欢。

面对这种情况，如果你是陈老师，请你给出最为合适的选择：

A. 告诉学生今天并无室外教学的计划，但会在今后争取安排室外教学的机会。
B. 照顾多数学生的情绪和需求，大家一起去草坪，教学肯定能获得更多的配合与支持。
C. 按自愿原则，将愿意去室外上课的同学带到草坪，不愿意外出的同学可以留在室内自习。
D. 根据今天的教学任务来考虑，如果室外教学也能完成教学目标，不妨带同学们去草坪。

第 145 题

> Tony 是韩老师班上一个对汉语和中国特别感兴趣的学生，经常在课堂上天马行空地问很多问题，有时候会拖慢教学进度。

面对这种情况，如果你是韩老师，请你给出最为合适的选择：

A. 告诉 Tony 以及全班，只能问和当堂教学内容相关的问题，保证教学进度。

B. 认真回答学生问的每一个问题，让他们保持对汉语的热情。

C. 只简明扼要地回答和教学有关的问题，其他的问题放到课下解答。

D. 告诉 Tony，不能总是一个人不断问问题，要把一部分提问的机会让给同学。

第 146 题

> 江老师在美国一所私立国际学校任教。圣诞节快到了，这所学校有家长给老师送礼物的传统，但是家长会要求老师直接说出自己想要的礼物。毫无掩饰地向学生“要”礼物，这让江老师觉得非常为难，所以没有写。结果一位家长在开学后非常局促不安地找到了江老师，不明白江老师为什么“拒绝”他们的礼物。

面对这种情况，如果你是江老师，请你给出最为合适的选择：

A. 送礼物表达的是家长的心意，家长直接问老师很没有诚意。

B. 入乡随俗，那就不用客气了，想要什么礼物就可以写什么。

C. 作为老师，教好学生是本分，不需要家长专门表示感谢。

D. 美国家长送礼物代表着他们期待自己的孩子受到老师更多关照。

第 147 题

> 陈老师到俄罗斯一所大学担任汉语教师。报到时，俄方院长亲自迎接，还请秘书送上了一束白色的菊花。想到菊花在国内一般是送给已逝之人的，陈老师一时间觉得非常尴尬，不知道是接还是不接。

面对这种情况，如果你是陈老师，请你给出最为合适的选择：

A. 先接受菊花，以后转手送给俄罗斯同事。

B. 先接受菊花，等旁边没人时，再去扔掉。

C. 坦诚告诉对方菊花在中国文化中的含义，表示不能接受。

D. 先接受菊花，以后再告诉对方菊花在中国文化中的含义。

第 148 题

> 孙老师在海外任教，在课堂上，学生提出了这样一个问题："我真的不能理解中国人为什么喜欢吃皮蛋这样恶心的食物。"

面对这种情况，如果你是孙老师，请你给出最为合适的选择：

A. 避免冲突，附和学生，同意皮蛋非常恶心。

B. 教育学生各民族都有自己的习惯，要尊重不同文化。

C. 告诉学生皮蛋是中国文化之一，要接受中国文化，就要接受皮蛋。

D. 问学生为什么不接受，然后简介皮蛋知识，解释为什么有的中国人喜欢吃。

第 149 题

> 马老师在海外任教的第一个学期行将结束，他在班里进行了期末考试，并把学生分数做成成绩榜，以表扬优秀学生和进步快的学生，并鼓励全班同学一起努力。不料几天后，校方找到马老师，说他们收到一些学生投诉，那些学生并不认同马老师的方式。

面对这种情况，如果你是马老师，请你给出最为合适的选择：

A. 把成绩做成成绩榜公布，严重侵犯了学生的隐私。

B. 这么做也是为了鼓励学生，学生应理解我的一片苦心。

C. 应该向学生详细介绍自己这么做的目的，争取学生支持。

D. 这么做打击了成绩相对较差的学生，确实是不妥当的。

第 150 题

> 在美国一所高校教中文的苏老师一天正要上课时，发现教室被别的老师用来考试了，中文班的学生只能在外边等。苏老师很着急，马上去办公室询问。但这时教务主任正和一个学生谈话。苏老师走过去，说："对不起打断一下，我的教室被占用了，我们该去哪儿上课？"教务主任却示意苏老师不要再说下去，并继续和那个学生谈话。上课铃响了，那个学生离开了教务处，主任才回头问苏老师有什么事。苏老师觉得这位主任的态度很不友好。

面对这种情况，如果你是苏老师，请你给出最为合适的选择：

A. 随便打断领导说话，是很不礼貌的行为。

B. 为了学生且非常礼貌地打断教务主任，无可厚非。

C. 教务处安排教室出现失误，理应及时作出处理，保证学生上课。

D. 应该把自己的不满明确告诉教务主任，并要求他向自己道歉。

《国际汉语教师证书》
考　试

仿真预测试卷二

注　　意

一、本试卷分三部分：

1. 基础知识 50 题

2. 应用能力 50 题

3. 综合素质 50 题

二、请将全部试题答案用铅笔填涂到答题卡上。

三、全部考试约 155 分钟（含 5 分钟填涂答题卡时间）。

第一部分　基础知识

第 1—6 题

> 某位大学汉语老师给学生安排了一次演讲活动，题目是《我的朋友》。大卫同学的演讲如下：
>
> 我有一个中国“甭”友，我们已经认识很长时间了。他是北京人儿，他今年 34 岁。他喜欢唱歌也喜欢画画儿。去年我生日的时候，他请我去中国大“技”院看了一场表演。

1. 这位学生把“朋友”读成“甭友”，关于“朋”和“甭”声母的发音，说法**错误**的是：

   A. 都是双唇音　　B. 都是送气音

   C. 都是清音　　D. 声带都不振动

2. 老师想帮大卫纠正“朋友”的发音，最好的办法是：

   A. 吹纸法　　B. 手示舌位法

   C. 展示舌位图　　D. 咬筷子法

3. “生日”的“日”，如果学生发不好“r”，老师可以先教学生读哪个音？为什么？

   A. zh，都是擦音、舌尖后音　　B. ch，都是擦音、舌尖后音

   C. s，都是擦音、舌尖前音　　D. sh，都是擦音、舌尖后音

4. 学生把“剧院”说成了“技院”，主要是因为发元音时：

   A. 舌位太高　　B. 开口太大

   C. 开头太小　　D. 没有圆唇

5. 下列汉字中，音节里含有介音的是：

   A. 朋　　B. 今　　C. 表　　D. 请

6. 演讲中“一个”的实际读音，用五度标记法标注声调，下列哪项正确？

   A. 55＋214　　B. 51＋214　　C. 35＋51　　D. 55＋51

第7—10题

> 翟峰相信，一切只是开始，航海就是他人生道路上一段长长的台阶，通向他想要的未来。“我和太太想要看看这个时代、这个世界到底是什么样子。人生有选择，一切可改变。”下一站，他们想去澳大利亚和新西兰。等待今年11月的北风南下之时，他们将再次出发。

7. 下列选项中，哪个词的结构与其他三个**不同**？

   A. 航海　　B. 出发　　C. 道路　　D. 选择

8. 文中的“澳大利亚”是一个________。

   A. 派生词　　B. 单纯词　　C. 合成词　　D. 词组

9. 下列选项，与画线句中的“可”语义一致的一项是：

   A. 这下我可放心了。

   B. 我昨天买的苹果可甜啦。

   C. 你们那儿有什么可吃的东西？

   D. 你别问我，我可什么都不知道。

10. 这篇短文中出现的修辞手法是：

    A. 暗喻　　B. 明喻　　C. 夸张　　D. 排比

第11—13题

> 卖水果的人：你好！你买什么？
> 珍　　妮：我买苹果。多少钱一斤？
> 卖水果的人：两块二一斤。
> 珍　　妮：草莓呢？
> 卖水果的人：十块一斤。
> 珍　　妮：太贵了，便宜点儿，行吗？
> 卖水果的人：八块。要多少？
> 珍　　妮：苹果要两斤，草莓要三斤。一共多少钱？
> 卖水果的人：二十八块四。

11. 下列选项中，关于“三”和“行”的造字法描述正确的一项是：

    A. 象形字、象形字　　B. 指事字、会意字

    C. 象形字、形声字　　D. 指事字、象形字

12. 教授“果”字时，最适合的汉字教学法是：

A. 笔顺教学法　　B. 偏旁部首带字法

C. 图示教学法　　D. 联想教学法

13. 关于数词“二”和“两”的说法**不正确**的是：

A. “两”可以表示不定的数目

B. 多位数中十位上用“两”

C. 表示序数时只能用“二”

D. 在集合量词前不能用“二”

第14—18题

很多女孩子羡慕浪漫的爱情。那么什么是浪漫呢？（1）年轻人说：浪漫是她想要月亮时，你不会给她星星；中年人说：浪漫是即使晚上加班到零点，到家时自己家里也还亮着灯（2）；老年人说：浪漫其实就像歌中唱的那样，“我能想到最浪漫的事，就是和你一起慢慢变老”。其实，让我们感动的，就是生活中这份简单（3）。在我看来，简单才是最大的幸福（4）。

14. 句（1）属于哪种疑问句？

A. 是非问　　B. 特指问　　C. 选择问　　D. 正反问

15. 句（2）是哪种关系的复句？

A. 假设　　B. 选择

C. 承接　　D. 条件

16. 材料共运用了哪几种修辞手法？

A. 设问、比喻　　B. 设问、排比

C. 比喻、排比　　D. 比喻、夸张

17. 句（3）中的“让我们感动”是一个兼语短语，其中作兼语的是：

A. 我们　　B. 让

C. 感动　　D. 让我们

18. “在我看来”在句（4）中做什么语法成分？

A. 主语　　B. 插入语

C. 状语　　D. 感叹语

第 19—21 题

下面是一个留学生写的作文：

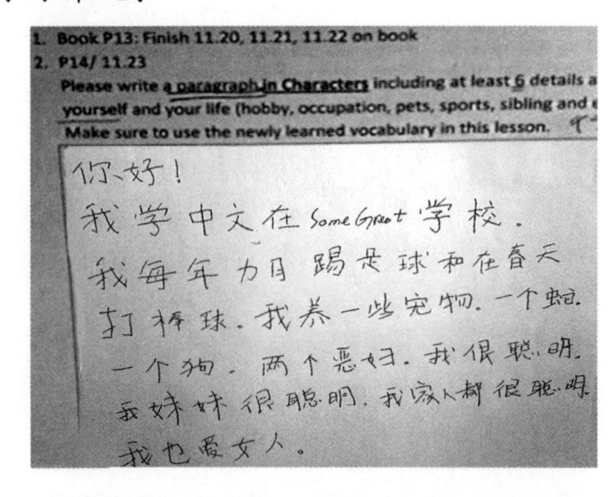

1. Book P13: Finish 11.20, 11.21, 11.22 on book
2. P14/ 11.23
Please write a paragraph in Characters including at least 6 details a
yourself and your life (hobby, occupation, pets, sports, sibling and
Make sure to use the newly learned vocabulary in this lesson.

你好！
我学中文在Some Great学校。
我每年力月踢足球和在春天
打棒球。我养一些宠物。一个蛇。
一个狗。两个恶妇。我很聪明。
我妹妹很聪明。我家人都很聪明
我也爱女人。

19. 从作文中“我每年力月踢足球”推测，该学生可能出现错误的原因是：
   A. 学生着急多写了两个字
   B. 学生没有掌握汉字的笔顺
   C. 学生对汉字的笔画把握不准
   D. 学生对汉字的结构把握不准

20. 根据作文，该学生写汉字时容易出现哪方面的问题？
   A. 结构安排错误　　　　B. 写错偏旁部首
   C. 增加笔画　　　　　　D. 丢失笔画

21. 如果你是这个学生的老师，下列哪一项**不需要**加强教学？
   A. 母语负迁移导致的语法错误
   B. 句子的衔接与连贯
   C. 汉字书写的准确性
   D. 量词的使用

第 22—26 题

“打”是一个多义词。请从 A—G 中选出下列词语中“打”所对应的义项，其中有两个多余选项。

22. 打鼓 ________
23. 打电话________
24. 打官司________
25. 打酱油________
26. 打官腔________

A. 放射、发出
B. 用手或器具撞击物体
C. 买
D. 举、提
E. 采取某种方式
F. 发生与人交涉的行为
G. 制造（器物、食品）

第27—31题

小夏：考试结束了，你对自己的成绩满意吗（1）？

小雨：说真的，我不太满意。这次阅读考试的题太多了，我没做完（2）。

小夏：两个小时的时间不少，我觉得应该做得完吧（3）？

小雨：我先做了比较复杂的题，结果花了太多时间，最后没时间做简单题了（7）。

小夏：其实我考得也不怎么样（4）。有几个填空题不会做，有几个选择题实在想不出来该选哪个（5），就随便猜了一个答案，结果一个都没猜对（6）。

小雨：看来要想考好，不但要认真复习，还得注意考试的方法（8），否则，会做的题也没时间做了（9）。

27. 对于句（1）中的短语"对自己的成绩"，下列分析正确的是：
   A. 述宾短语，在句中作状语
   B. 介词短语，在句中作谓语
   C. 述补短语，在句中作宾语
   D. 介词短语，在句中作状语

28. 按照句（2）至句（6）的顺序，对这些句子中补语类型划分正确的是：
   A. 可能补语　情态补语　结果补语　可能补语　情态补语
   B. 结果补语　可能补语　情态补语　可能补语　结果补语
   C. 情态补语　可能补语　情态补语　结果补语　可能补语
   D. 结果补语　可能补语　情态补语　情态补语　结果补语

29. 对于句（7）中的"了"，下面分析正确的一项是：
   A. 语气助词，在句中的作用是表示动作的完成
   B. 动态助词，在句中的作用是表示情况的变化
   C. 语气助词，在句中的作用是表示情况的变化
   D. 动态助词，在句中的作用是表示动作的完成

30. 句（8）中的复句属于下面哪种关系？
   A. 并列　B. 转折　C. 递进　D. 条件

31. 句（9）中的"否则"属于什么词？
   A. 名词　B. 副词　C. 介词　D 连词

第 32—36 题

A：你的西红柿炒鸡蛋做得真地道，你可以教我吗？
B：当然可以，你把火点着，往锅里倒点儿油，把鸡蛋放进去炒一下，倒出来。再放一点儿油，把西红柿放进锅里炒熟，把刚才炒好的鸡蛋放进去，别忘了加点儿白糖，最后再加点儿盐。
A：好了，我先尝尝。
B：怎么样？甜不甜？

32. 这段课文的教学对象应掌握的词汇量最少可能是：
A. 150 词　B. 300 词　C. 600 词　D. 1200 词

33. A：好了，我先尝尝。
B：怎么样？甜不甜？
在这两句对话中一共有几个轻声字？
A. 2 个　B. 3 个　C. 4 个　D. 5 个

34. 关于“西红柿”的声调，下列描述正确的一项是：
A. 阴平、阳平、上声　B. 阳平、上声、去声
C. 上声、去声、阴平　D. 阴平、阳平、去声

35. 课文中“地道”的读音和词性分别是：
A. 四声、四声；形容词　B. 四声、四声；名词
C. 四声、轻声；形容词　D. 四声、轻声；名词

36. 以下四个选项的轻声音节，音高最高的是：
A. 出来　B. 尝尝　C. 好了　D. 地道

第 37—38 题

有个小男孩儿在一家面包店买一个两块钱的面包，他觉得这个面包比平时买的要小，便对老板说：“你不觉得这个面包比平时的要小一些（1）吗？”“哦，没关系，小一些你拿起来不就更轻便吗？”“我懂了。”小男孩儿说着，就把一块钱放在柜台上，然后转身朝店外走去。老板叫住他：“喂，你付的面包钱不够！”小男孩儿说：“哦，没关系，少一些你数起来就会更容易（2）。”

37. 下列四句中，与句（1）格式相同的是：
A. 他比我跑得快一些。　B. 小李比小王高一点儿。
C. 麦克比我早来半个小时。　D. 今天比昨天更热一些。

38. 下列四句中，与句（2）中的“起来”语义一致的是：
A. 我终于想起来他的名字了。
B. 他好不容易才从床上爬起来。
C. 小李玩起游戏来饭都顾不上吃。
D. 一过劳动节，天气就热起来了。

第 39—41 题

> 1972 年，22 岁的理查德·希尔斯爱上了中文，但是他感觉汉字很复杂，一笔一画没有任何**逻辑**（1），只能死记硬背。一个偶然的机会，他发现如果了解汉字的来源和演变过程，再学起来就会变得轻松、容易（2）。但是他遗憾地发现，几乎没有一本英文书能充分解释汉字的字源。后来他用了整整八年的时间把《说文解字》电脑化（3），还在网上公开了所有资料。他也因此被网友亲切地称呼为“汉字叔叔”。

39. 下列外来词中，与句（1）中的“逻辑”属于同一类的是：
A. 幽默　　B. 马克思主义　　C. 干部　　D. 啤酒

40. 句（2）反映了汉字的哪个特点？
A. 汉字是形体复杂的方块结构
B. 汉字属于表意体系的文字
C. 汉字分化同音词能力强
D. 汉字属于表音体系的文字

41. 关于句（3）中提到的《说文解字》，下列说法正确的是：
A. “文”指象形字和指事字，“字”指会意字和形声字
B. 该书首创笔画编排法，为后世字书所沿用
C. 原书十四篇，叙目一篇，正文字头以楷书为主
D. 许慎著，是中国第一部系统地分析汉字字形和考究字源的字书

第 42—46 题

请对下列教学中的处理方式与相关第二语言教学法进行匹配，在 A—F 中进行选择，其中有一个多余选项。

42. 在角色扮演过程中，老师发现学生出现了语法方面的偏误，但是没有马上纠错。
43. 老师先描述 A、B 两人的身高、体重等，然后引导学生说出“比”字句。
44. 练习结果补语时，老师扔给学生一支笔，学生接住后回答：“我接住了。”
45. 学习与动物有关的生词时，老师拿出图片介绍动物的名字并请学生重复。
46. 某堂口语课上，老师给出话题后，请学生自由表达自己的看法，只做简单总结。

42. ________
43. ________
44. ________
45. ________
46. ________

A. 暗示法
B. 直接法
C. 沉默法
D. 交际法
E. 全身反应法
F. 情景法

第 47—50 题

下图展示的是“中介语”理论的基本概念：

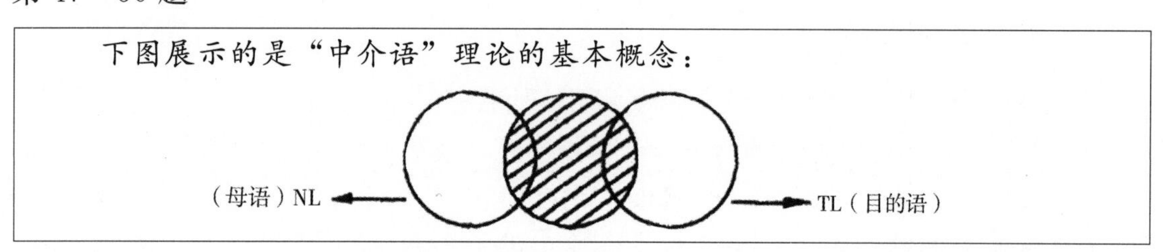

47.“中介语”理论的心理学基础是：
A. 生成语法　　B. 构建主义语言学
C. 认知心理学　　D. 行为心理学

48. 通过图示，我们可以发现“中介语”有哪种特点？
A. 中介语是母语和目的语的混合体
B. 中介语系统有自己的语言规则
C. 中介语是静态的，固定不变的
D. 中介语无法转换成为目的语

49. 提出“中介语”假说的是下列哪位语言学家？

A. 科德（Corder）　　B. 奈姆瑟（Nemser）

C. 塞林克（Selinker）　　D. 乔姆斯基（Chomsky）

50. 下列四种情况中**不属于**“中介语”的一项是：

A. 外企中流行“我有一个 analysis 要 due”这样的表达方式

B. “kung fu”被选入了英文词典，并且被国外媒体广泛使用

C. 学了初级汉语的美国学生大卫在作文中写了这样一句话：“我送给弟弟我的皮袄。”

D. 学了三年汉语的韩国男生正浩还是经常问老师：“明天听写有吗？”

第二部分　应用能力

第 51—56 题

以下是初级下汉语综合课某课的生词表：

1	照	7	油画	13	事故	19	掉	25	造成
2	选	8	放大	14	整整	20	地上	26	拥挤
3	洗	9	寸	15	眼镜	21	上班	27	主要
4	闭	10	差点儿	16	别提了	22	保证	28	原因
5	虚	11	碰	17	倒霉	23	遵守	29	之一
6	删	12	起	18	摔跤	24	规则	30	引起

51. 初级阶段综合课，生词的教学步骤一般是：

A. 生词展示——生词讲解——生词练习

B. 生词展示——生词扩展——生词补充

C. 生词讲解——生词操练——生词扩展

D. 生词听写——生词操练——生词扩展

52. 这 30 个生词中应该重点讲练的是：

A. 油画、放大、寸　　B. 碰、起、事故

C. 上班、遵守、规则　　D. 拥挤、主要、引起

53. 为了让学生理解“眼镜”这个词的意思，老师准备了一副眼镜。

老师问学生：“这是什么？”

学生回答：“这是眼镜”。

这种词汇教学方法是：

A. 直接释义法　　B. 语素教学法

C. 语义关系法　　D. 情境教学法

54. 在学生理解了“眼镜”这个词的意义后，老师继续进行教学。

老师问学生：“眼镜的量词是什么？”（ppt 上呈现“眼镜”）

学生回答：“个、只、条……”

老师说：“眼镜的量词是‘副’，跟我说‘一副眼镜’。”（ppt 上呈现“一副眼镜”）

学生齐说：“一副眼镜。”

老师把眼镜戴上，问学生：“这个动词是什么？”

学生齐说：“戴。”

老师说：“对了，戴，跟我说：戴眼镜。”

学生齐说：“戴眼镜。”

这种词汇教学方法是：

A. 词语扩展法　　B. 对比教学法
C. 词语搭配法　　D. 语素教学法

55. 教师设计了这样的生词练习：教师说生词的意思，让学生说出这个生词。这种生词的练习方式属于：

A. 感知类练习　　B. 记忆类练习
C. 应用类练习　　D. 交际类练习

56. 教师想在课堂上考查学生是否会使用本课的重点生词，可以采用的方法是：

A. 听写重点词语
B. 让学生认读重点生词
C. 让学生用指定的重点词语回答问题
D. 让学生写出重点词的近义词、反义词

第57—61题

> 以下是某本听力教材的使用说明：
>
> 本教材适合具有初步听说能力、熟练掌握汉语简单句型和800个左右汉语词语的学习者使用。共20课，涉及日常生活、学习、社交等交际活动，包括买东西、去餐厅吃饭、问路、看病、租房、交友、商定计划、美容、工作等等，对这些交际活动中涉及的简单交际任务项目进行了处理。课文以对话体为主，以少量叙述体为辅。
>
> 本教材的听力技能训练既关注结果，更关注训练过程。我们将听力训练过程分为听前练习、听时练习、听后练习三个部分。

57. 这本教材主要适用于哪一阶段的汉语学习者？

A. 初级　　B. 准中级　　C. 中级　　D. 高级

58. 这本教材的编写目的最可能是：

A. 使学生了解对话的方式和独自表达的结构特点
B. 让学生听懂生活中的日常谈话，能够很快地参加交际活动
C. 训练学生听懂语体正式、用词专业的实况讲话和讲座的能力
D. 训练学生在听懂对话体语段的基础上，听懂叙述体独白的能力

59. 听前练习的目的**不包括**：

A. 扫除词汇、语法等的障碍　　B. 让学生了解听力材料的全部内容
C. 激活语言知识和语言技能储备　　D. 激发学习者的兴趣和注意力

60. 听时训练的操作，下列正确的是：

A. 录音播放过程中发现学生因听不懂紧皱眉头，可以中途停止再重播一次
B. 鼓励学生一边听一边看文字材料，以培养学生语音信息检索的能力
C. 鼓励学生边听边记关键词，训练学生捕捉关键信息的能力
D. 鼓励学生边听边说，训练学生听说同步、关注细节的能力

61. 听后阶段的操作，下列**不合适**的是：

A. 生词扩展，学习本课词汇的引申义、比喻义
B. 通过细节题考查学生是否深入理解听力材料
C. 通过听说练习检查学生听力理解的效果
D. 总结本课所使用的听力策略和技巧

第 62—66 题

以下是某位教师写作课的教案：

作文训练项目：介绍自己的偶像

(1) 小组活动，简要介绍自己的偶像。鼓励学生在黑板上写出自己偶像的名字，以及可以描述这位偶像特征的词语。
(2) 给出一定的词汇范围，让学生接触一些语言材料；也可以采取讨论的形式，大家互相提示，说出一些与表达主题相关的词语或句子。
(3) 要求写出提纲，至少包括喜欢这位偶像的三个理由。
(4) 教师课堂上总结一些有利于做语篇衔接的连接成分或典型的句型。例如："从……开始，我就把××当做自己的偶像。我之所以崇拜/欣赏/喜欢他，是因为……。他对我的影响/帮助是多方面的。首先，……；其次，……；除此以外，……。总而言之，……"
(5) 学生写初稿。班上同学传看。教师提前制作好作文评价表，要求学生在作文评价表上记下精彩的语句和有问题的地方，写出修改意见和读后感受。
(6) 教师整理大家的意见，反馈给作者本人。作者针对教师的反馈对文章进行全面修改，从行文结构到语法、汉字。

62. 这份教案体现的写作教学模式是：

A. 模仿写作　　B. 任务写作
C. 过程写作　　D. 自由写作

63. 这一写作教学模式的优点是：

A. 写作语境真实，写作内容实用，真正地达到真实交际

B. 写作是动态的，在反复修改中让语言表达更加准确、完美

C. 为学习者提供一个规范的写作环境，能够减少错误的发生

D. 解决了学生在写作过程中的思路阻塞问题，减轻了学生的写作压力

64. 学生的作文中出现这样的句子："明年，他还会回来中国，为他的梦想继续努力。"句中偏误所属的类型是：

A. 语序有误　　　　B. 句式的误用

C. 某些成分的误加　　　　D. 必要成分的遗漏

65. 与"明年，他还会回来中国，为他的梦想继续努力"偏误类型相同的句子是：

A. 他把工作做得很认真。

B. 小时候我每次考试都不及格了。

C. 我写汉字了一天，却一个字也没记住。

D. 从此以后，我每天努力读书在图书馆。

66. 一位英国学生的作文中有这样的句子："很多老中国人因为缺少照顾而意外受伤。"学生写出这样的句子的原因是：

A. 对中国人的鄙视　　　　B. 受母语语序的影响

C. 缺乏基本的礼貌修养　　　　D. 没有使用正确的语体

第 67—70 题

玛　丽：李老师要结婚了，我们给他准备什么礼物？
金太成：我们大家凑钱，送李老师个红包吧。
麦　克：送钱？这合适吗？
金太成：有什么不合适的？钱不是最实惠的吗？
菲　雅：我也觉得送钱不好，我们可以送一件工艺品，<u>反正李老师也要布置新房</u>。
麦　克：送工艺品倒是个好主意，可是我们不知道李老师喜欢什么。
玛　丽：中国人结婚送礼有很多讲究呢，不能随便送。
和　子：对，我听说结婚不能送伞，因为“伞”和“散”发音相近，中国人觉得不吉利。
金太成：我看还是送点儿实惠的更好，结婚送红包是中国的传统。
菲　雅：不行不行，我们得给李老师选一个有意义、有特色的礼物。
和　子：我们上网查查，看看中国人喜欢什么结婚礼物。
金太成：这样吧，今天的作业是每人想两种礼物，明天继续讨论。

67. 以上课文讨论的话题是：
A. 中国的谐音字　　B. 中国人的禁忌
C. 中国人的嫁娶习俗　　D. 中国结婚送礼的讲究

68. 老师为讲练副词“反正”设计了几个例句，其中**不合适**的是：
A. 谁去我不管，反正我不去。
B. 暑假反正我要回国，你就住在我这儿吧。
C. 反正时间还早，咱们不如一起出去走一走。
D. 晚上可以多玩儿一会儿，反正明天没有课。

69. 下列哪项和材料中提到的“结婚不送伞”的原因**不同**？
A. 为人挑选礼物时，一般不会选钟
B. 在婚床上撒上红枣、花生、桂圆、莲子
C. 西汉时将“姮娥”改称为“嫦娥”
D. 明代时将“箸”改称为“快儿”，即后来所说的“筷子”

70. 老师设计了一项课堂活动，请学生谈谈自己国家送礼的禁忌。班上多是亚洲学生，都比较谨慎、腼腆，没有人主动回答问题。这时老师可以做的是：
A. 为保证课堂开口率，要求学生一个一个轮流回答
B. 放弃这项活动，选择适合亚洲学生的活动，改为读课文
C. 老师说自己知道的其他国家的送礼禁忌，问同学们对不对
D. 把学生分成小组，请同学们小组讨论这个问题，以降低学生的焦虑

第71—74题

以下是一段口语课的课文：
(在出租车里)
司机：你们学了多长时间汉语了？
西蒙：我们学了一个多月了。
司机：你们说得真不错。
西蒙：哪里哪里，还差得远呢。
司机：你们还准备学多长时间？
西蒙：我今天就回国，他们还要再学两个星期。

71. 这段课文中的重要语言点是：
A. 动量补语　　B. 时量补语　　C. 可能补语　　D. 程度补语

72. 在这段课文中，**不需要**教师重点讲解的句子是：
A. 我们学了一个多月了。
B. 你们说得真不错。
C. 哪里哪里，还差得远呢。
D. 我今天就回国。

73. 学生问本课的生词“再”和以前学过的“又”有什么不同，老师应该从哪个角度对这两个词进行区别？
A. 词性不同
B. 语体色彩不同
C. 感情色彩不同
D. 词义的侧重点不同

74. 老师在讲解完“再”和“又”的区别后，马上进行课堂练习，从认知的角度来看，该环节属于汉语课堂教学的哪个环节？
A. 感知　　B. 理解　　C. 巩固　　D. 运用

第 75—77 题

> 学生在课堂活动中常常出现一些错句。以下是某位学生在小组讨论中说出的错句：
>
> ① 小时候我每年都感冒了。
>
> ② 我觉得你特别很聪明。
>
> ③ 昨天的作业被我写完了。
>
> ④ 我每天游泳在游泳馆了。
>
> ⑤ 我昨天游泳了一天。

75. 这位同学主要存在的语法偏误类型是：

A. 必要成分的遗漏　　B. 某些成分的误加

C. 词语的误用　　D. 语序有误

76. 针对学生以上错句，下列教师行为中哪一项最合理？

A. 无视以上各项错误

B. 记下学生的偏误，在活动完成后统一纠错

C. 找时机让学生停下，并纠正学生的错误

D. 立刻打断，纠正学生的错误

77. 对于错句③，最好的改正方法是：

A. 昨天的作业我写完了。　　B. 我写完了昨天的作业。

C. 昨天我把作业写完了。　　D. 我把昨天的作业写完了。

第 78—82 题

> 在刚刚上完的一节初级班的汉语课中，胡老师讲到了“比”字句结构。为了提高讲解的生动性，胡老师想引用著名的“龟兔赛跑”的故事，让学生进行会话练习。她认为用这个故事练习“比”字句结构非常合适，因为可以让学生练习诸如“乌龟比兔子跑得慢”之类的句子。可是，胡老师没想到，学生在听这个故事的过程中有很多困难，有些地方听不懂。尽管后来她又讲了一遍，学生还是很困惑。最后，课堂时间不够了，“比”字句也没能练成。

78. 胡老师用“龟兔赛跑”的故事来练习“比”字句结构，这是对语言点的哪种练习方式？

A. 重复性练习　　B. 机械性练习

C. 交际性练习　　D. 记忆性练习

79. 胡老师课堂中出现问题的主要原因是：

A. 对语法结构、语义的把握有问题

B. 学生缺少对“龟兔赛跑”故事背景的了解

C. “龟兔赛跑”的故事不适合该语法结构的特点

D. 该故事引入的新词和结构为学生制造了诸多障碍

80. 在胡老师讲故事的过程中，班上一个叫威廉的学生总是跟旁边的同学说话。面对这种情况，胡老师悄悄走到威廉身边，示意提醒。胡老师采用了课堂管理的哪种方法？

A. 沉默法　　B. 将错就错法　　C. 因势利导法　　D. 目光、动作暗示法

81. 该活动体现了老师在课堂中的何种角色？

A. 设计者　　B. 示范者　　C. 反馈者　　D. 传授者

82. 因为在该班出现了问题，胡老师在另外一个班讲授该课时调整了教学设计。她先将学生分成几个小组，每组安排一位水平较高的学生，从而鼓励水平不同、性格不同的学生互相学习。这是利用了哪种学习策略？

A. 记忆策略　B. 元认知策略　　C. 补偿策略　　D. 社会策略

第 83—86 题

课型：初级汉语综合课

课本：《体验汉语基础教程》（下）第 35 课

课文：

卡　伦：安德鲁，你的表姐会来接咱们吗？

安德鲁：她今天有事，不能来。

卡　伦：那怎么办？

安德鲁：她请她的朋友来机场接咱们。

卡　伦：你认识你表姐的朋友吗？

安德鲁：不认识。

卡　伦：那我们怎么找到她呢？

安德鲁：她上身穿着一件红毛衣，下身穿着一条牛仔裤，外边穿着一件米色的风衣，手里拿着一本杂志。

卡　伦：你看，那边站着举着牌子的那个姑娘是不是？

安德鲁：应该是她。我们过去问问吧。

83. 下列哪项最适合作为本材料的教学重点？

A. “能、会、应该”的区别　　B. “那”用在小句开头，复指前文

C. “着”表状态　　D. 趋向补语

84. 李老师设计了一个“你说我猜”的活动，让一位同学描述班上另一位同学的穿着，其他同学根据描述来猜测是谁。这属于课堂教学的哪一个阶段？

A. 组织教学　　　　B. 讲练新内容

C. 复习检查　　　　D. 巩固新内容

85. 张老师也组织了一次“你说我猜”的活动，只是学生是面对面描述对方的穿着，结果活动效果不佳，最主要的原因是：

A. 活动难度太高　　　　B. 学生感觉尴尬

C. 没有利用信息差　　　　D. 学生不善于观察

86. “着”有很多用法，本课中老师只讲练“V 着＋O”的结构、语义和功能，这体现了汉语课堂教学的哪一个原则？

A. 精讲多练

B. 循序渐进

C. 以学生为中心

D. 听说读写全面要求，分阶段侧重

第 87—90 题

> 李老师在芝加哥的一所高中为高年级的学生教授汉语选修课，学习了近一个学期后，正好是中国的中秋节，李老师打算安排一些文化活动。

87. 李老师计划在中秋节文化活动中安排一个中美节日对比环节。以下四个节日中，哪个最适合进行对比？

A. 圣诞节　　B. 复活节　　C. 感恩节　　D. 开斋节

88. 组织饮食类活动时**最不应该**犯的错误是：

A. 食物的量准备得不够

B. 对学生的口味不够了解

C. 选择了触犯学生禁忌的食材

D. 让学生承担一部分费用

89. 李老师将“嫦娥奔月”的故事翻译成英文让学生们回家学习。他通过翻译软件将“嫦娥”翻译成“godness”，没想到第二天一位学生的家长找到校方，认为老师强行给学生灌输宗教内容。李老师以后该如何避免同类问题？以下做法**不合适**的是：

A. 以后换一个翻译软件翻译故事

B. 降低故事难度，尽量使用图片和容易理解的语言讲解

C. 跟家长和校方充分解释该活动设计的目的和意图

D. 涉及宗教、政治等敏感内容，要提前跟年级主任沟通

90. 李老师的学生在某次考试成绩出来后，询问李老师评分的规则，李老师这才意识到每个国家对分数的理解不同，评分的机制也有很大差异。因此他打算在接下来的教学中做出一些改善。以下做法**不合适**的是：

A. 考试前跟学生一起讨论评分的原则并确定下来

B. 开始新学期课程前，明确告诉学生评分的规则

C. 以后打分前一定先跟同事和前辈交流，确定合适的分数区间

D. 每个国家和地区对分数的理解不同，如果有学生对分数提出质疑，当即修改是可以接受的

第 91—95 题

吴老师打算开展一次辩论赛，以提高学生的口头表达能力。他提前一周准备好了辩题，并告诉学生要好好准备。

- 辩论赛主题：有孩子后，女人要不要当全职家庭主妇？

  正方观点：要当

  反方观点：不要当

- 语言点练习：

  辩论常用句型

  我认为……

  我不同意这种看法……

  对方辩友说得有道理，可是……

  无论……都……

- 活动过程：

准备阶段	1. 学生分组 2. 学生准备
实施阶段	正反方轮流发言，老师担任辩论赛主席
①	老师对双方论点进行梳理，标记并引导同学对所用到的重要语言点和句子结构进行复习，表扬和鼓励表现好的同学

91. 材料中①处是什么阶段？

A. 总结阶段　　B. 反思阶段

C. 调查阶段　　D. 评价阶段

92. 根据辩论赛的活动形式，吴老师可以怎么摆放教室的桌椅？

A. 传统式座位　　B. U 型座位

C. 通道式排列　　D. 分组围坐

93. 如果班上有一位学生因汉语水平低而不愿意参加辩论赛，以下哪种方法最能帮助他？

A. 允许他不参加活动，自行复习或者在旁边观看

B. 安排他跟水平较高、善于合作的学生一组共同完成任务

C. 尽量减少他参与此类活动的次数，避免让学生尴尬

D. 悄悄提示他一些语句，鼓励他重复这些话，参与活动

94. 吴老师虽然提前一周告诉学生要准备，但是他发现有的同学准备得较多，有的同学还没着手准备。针对这个问题，以下做法**不合适**的是：

A. 每组安排一个组长，负责督促

B. 老师多次提醒，适当帮助、指导

C. 学生参与度有别很正常，老师最好不要干预

D. 让准备多的同学帮助没准备的同学，提供必要的支持

95. 除了辩论赛，吴老师还可以组织哪种活动来提高高年级学生的成段表达能力？

A. 猜词游戏　B. 击鼓传花　C. 话剧表演　D. 抢拍词语

第 96－100 题

> 2013 年 9 月和 10 月，中国国家主席习近平在访问哈萨克斯坦和印度尼西亚时，提出了两个经济战略构想。这两个构想虽是分别提出的，但又密切相关，此后往往被概括成“一带一路”。
>
> “一带一路”是中国合作发展的理念和倡议，是依靠中国与有关国家既有的双多边机制，借用古代“丝绸之路”的历史符号，高举和平发展的旗帜，主动地发展与沿线国家的经济合作伙伴关系，共同打造政治互信、经济融合、文化包容的利益共同体、命运共同体和责任共同体。

96. 材料中的“一带”指的是：

A. 丝绸之路经济带

B. 亚洲及太平洋地区经济带

C. 21 世纪海上丝绸之路经济带

D. 数字科技宽带，即“互联网＋”

97. 历史上陆上和海上“丝绸之路”的起点分别是什么地方？

A. 洛阳；广州　B. 西安；泉州

C. 敦煌；广州　D. 敦煌；泉州

98. 中国最早将指南针运用于航海是哪个历史时期？

A. 战国　B. 东晋　C. 晚唐　D. 北宋

99. 下列四位历史人物中，与“丝绸之路”**没有**直接关系的是：

A. 班固　　B. 玄奘　　C. 鉴真　　D. 郑和

100. 随着丝绸之路的开通，中外经济文化交流的深入，不少动植物、器物、宗教文化等也传入中国。下列各项中，哪一项所提到的事物均是由陆上丝绸之路传入中原地区的？

A. 茶叶、琵琶、佛教　　B. 丝绸、唢呐、基督教

C. 冬葵、箜篌、伊斯兰教　　D. 胡萝卜、扬琴、佛教

第三部分　综合素质

本部分为情境判断题，共50题。

第101—135题，每组题目由情境及随后的若干条与情境相关的陈述构成。每条陈述都是对情境的一种反应，包括行为、判断、观点或感受等。请先阅读情境，然后根据你对情境的理解，判断你对每条陈述的认同程度，并在答题卡上填涂相应的字母，每个字母代表不同的认同程度。说明如下：

A	B	C	D	E
非常不认同	比较不认同	不确定	比较认同	非常认同

例题：

杨老师刚到悉尼的一家孔子学院工作，她的学生都是六七岁的小朋友。在同事的帮助和指导下，杨老师备好了前几堂课。第一次课的内容是向学生们介绍中国的国旗、国徽和国歌。当她在课上播放完《义勇军进行曲》之后，小朋友们都觉得这首歌非常“cool”和“powerful”，要求杨老师教他们唱，这让杨老师十分意外。

面对这种情况，如果你是杨老师，请你给出对下列陈述的认同程度：

1. 答应学生的要求会打乱自己的教学安排，而且作为新老师，开展事先没有准备的教学活动可能会力不从心。
2. 难得学生表现出了对课堂内容的强烈兴趣，应满足他们的要求，并利用这个机会，更深入地介绍中国的国旗、国徽和国歌。
3. 告诉学生之后的课会安排教唱中国国歌，课后向有经验的同事或者领导请教，听取他们的建议。
4. 给学生发放音频资料，让学生利用课余时间自行学习，这样既不打乱教学安排，又能满足他们的要求。

作答示例：若你对第1题的陈述比较不认同，则选择B；若对第2题的陈述比较认同，则选择D；若对第3题陈述非常不认同，则选择A；若对第4题陈述的认同程度介于“比较不认同”和“比较认同”之间，则选择C。各题之间互不影响。

第101—104题

张琳在泰国一所大学的中文系任教。该大学有个比较大的特色，就是允许视力、听力或者表达能力略有缺陷的学生跟正常学生一起上课，接受教育。这个学期刚好有位表达能力有先天缺陷的学生小文选修了张琳老师的汉语课。小文虽然说话结结巴巴的，但性格非常开朗，很愿意跟别人交流，这让张琳非常感动。所以上中文课的时候，只要小文举手回答问题，张琳一般都会把机会给小文，并且耐心地等待小文回答，并及时给他鼓励和肯定，小文的学习积极性很高。然而，有很多学生却并不理解张琳的做法，比较客气地给张琳提意见，抱怨老师的做法不公平。

面对这种情况，如果你是张琳，请你给出对下列陈述的认同程度：

101. 被学生质疑很正常，只要自己问心无愧就可以了。
102. 应了解学生的不满，认真听取学生的意见，公平对待每个学生。
103. 学生既然都了解小文的特殊情况，就该理解老师的做法，一起帮助小文。
104. 可以向其他泰国同事学习处理类似问题的办法，以回应学生的意见。

第105—107题

小魏是一名在澳大利亚某孔子课堂任教的汉语志愿者。小魏在七年级课上讲完“饮食”话题之后，放了一部饮食题材的中国电影。电影精彩的情节、新奇的烹饪让学生们看得津津有味。然而，当象拔、熊掌、鱼翅等食材逐一出现时，学生们开始议论纷纷。最后制作“猴脑”的一幕出现，小猴子尖叫着被推出来时，学生们非常震惊，有人开始质问小魏为什么要给他们看这样“恐怖”的电影，场面几近失控。尽管后来影片交代“猴脑”其实是用羊肉和豆腐代替的，但同学们仍然心有余悸。一些学生还质疑中餐烹饪“太过残忍”。

面对这种情况，假如你是小魏，请你给出对下列陈述的认同程度：

105. 让学生明白：对很多人而言，肉类是必要的食品，正如当地人所喜欢的牛排是通过宰杀肉牛而得到的，那么宰杀其他动物并不残忍。
106. 在呈现影视资料前，应该预见到其内容可能会引起误会，并加以规避，免得造成课堂混乱。
107. 向学生解释，影片中提到的食材都是中国烹饪文化的一部分，并引导学生慢慢接受中国的饮食文化。

第 108—111 题

汉语教师志愿者小刘被派到欧洲某孔子课堂工作。为了培养八年级同学专心听讲的习惯，并提高他们学习的积极性和课堂的趣味性，小刘定下了一条规则：如果课上有同学答错了问题，就需要在下次课上用汉语表演一个小节目。不久，学校告知小刘，她被家长投诉，理由是体罚学生。

面对这种情况，如果你是小刘，请你给出对下列陈述的认同程度：

108. 向学校和家长耐心解释说明她这样安排的初衷，证明这并不是体罚。
109. 请学校协助联系那位误会并投诉自己的家长，请他拿出“体罚学生”的证据，老师也要用法律保护自己。
110. 向学校和家长解释自己的本意，对造成的误会表示歉意，并取消相应的规则。
111. 用汉语表演节目有助于提高学生的汉语能力，但不应只让答错问题的同学表演，而是全班每个人都要轮流表演。

第 112—115 题

吴老师在法国的一所孔子学院工作，在教学方面主要担任助教，配合当地中文老师的教学。按照学校的安排，当地中文教师负责大班授课，而吴老师按小组或一对一地进行口语操练，并批改作业。

在小组操练的过程中，吴老师发现当地中文老师的教学进度有些随意，经常与计划进度不合拍。这导致吴老师事先准备的练习对不上学生最新的学习内容，比如吴老师准备好第 10 课的操练项目，而当地教师的教学进度已经到第 11 课了。

面对这种情况，如果你是吴老师，请你给出对下列陈述的认同程度：

112. 接受当地老师的教学方式，并努力配合，避免与其产生冲突。
113. 直接向当地中文教师说明自己的想法和要求，赢得他的理解和支持。
114. 既然当地教师的实际教学进度快于计划进度，自己准备的操练项目也都是学生学过、且需要巩固和练习的，实际并不影响教学。
115. 自己无权干涉当地教师的教学安排，直接向校方反映情况，争取支持，避免以后再出现此类情况。

第 116—119 题

周老师在一所大学负责在华留学生的汉语课。她的班上泰国学生占大多数，所以她常以泰国的风土人情为切入点，也常提到泰国的新闻事件，或者自己在泰国的经历。泰国学生迅速对周老师产生了好感，但其他国家的学生颇有微词。

一次课上，当周老师再次在例句中提到泰国时，一位来自欧洲的学生便举手打断了周老师的讲解，并问她能不能换个话题。有泰国学生觉得这位欧洲同学鲁莽，不仅干扰了教学，也很不尊重老师。双方都是得理不饶人，最后几乎形成泰国学生和来自其他国家的同学之间的争执。

面对这种情况，如果你是周老师，请你给出对下列陈述的认同程度：

116. 耐心向同学们解释：以泰国文化和生活作为引入、例句等，在这个班的教学中最为有效。
117. 立即停止以泰国为例，改用班内其他同学的国家为例，以保持平衡。
118. 意识到当前班级中，同学来自不同国家，单以泰国为例的确不妥。为求公平，专以中国风土人情为背景进行汉语教学。
119. 以后在教学中，要更注重教学内容的多样性，展示世界的多元文化。

第 120—123 题

杨老师从中国到北美的一所学校赴任。学校外语系的同事为了欢迎她，决定周五放学后一起去学校附近一家有名的餐馆聚餐。这是一家西餐馆，杨老师初来乍到，并不熟悉西餐烹饪和餐桌礼仪，因此，无论是点菜、点饮料，还是使用餐具、用餐时的交流，都显得手足无措。

面对这种情况，如果你是杨老师，请你给出对下列陈述的认同程度：

120. 完全不必在意自己不了解西餐文化的事实，主动向同事了解当地的饮食文化。
121. 在聚餐的时候，给同事介绍中餐烹饪和中国的餐桌文化。
122. 以后如再有类似的聚餐，要想办法婉拒，不然用餐时实在太尴尬，也不会有什么实际的意义。
123. 之后私下告诉聚餐的组织者，他们其实应该事先和自己商量，再决定去哪里聚餐。

第 124—125 题

> 餐后，令杨老师没有想到的是，很多同事都拿出手机计算自己点的菜肴和酒水的金额，然后又加了一些小费。这时杨老师才意识到，这次接风是 AA 制，虽说餐费不菲，但也只得自付自账。

面对这种情况，如果你是杨老师，请你给出对下列陈述的认同程度：

124. 同事给自己接风却不去中餐馆，还要自己掏餐费，显得不太有诚意，但为了不扫大家的兴，今后再告诉他们哪些地方欠妥。
125. 给同事们讲解中国人的接风方式。

第 126—130 题

> 小张是在新西兰一所孔子学院工作的汉语志愿者。通过不断摸索，小张的中文教学和文化活动都开展得非常出色。为了扩大影响，小张把很多活动的照片、视频上传到社交媒体上。不少网友通过小张的分享，都知道了学校有声有色的中文教学。但很快就有学生家长向校方投诉小张，说她未经学生和家长的同意，就在网上发布含有学生肖像的图片和视频，侵犯了他们的隐私。

面对这种情况，如果你是小张，请你给出对下列陈述的认同程度：

126. 这些照片和视频旨在扩大学校和中文课的影响力，且是积极正面的内容，部分家长的反应有些过度。
127. 向学校和相关学生、家长致歉，并解释自己的本意，争取得到大家的谅解，同时从网上删除这些图片和视频。
128. 向涉及此事的人员解释、道歉，并和大家商量，看能否在网上保留这些影音资料，作为推介学校和社区的一种方式。
129. 经过此事后，应该调整自己的认识，充分尊重他人的隐私。
130. 部分家长不明自己的用意，一时激动，也在情理之中，而且校方已作处理，这时再去道歉可能反而会让事态复发。

第 131—135 题

> 田老师被派往美国的一所学校担任中文教师。这是一所天主教教会学校，但田老师本人并没有任何宗教信仰。他刚到学校时，校方负责接待他的工作人员告诉他，学校规定全校师生每天早上都要参加晨祷，如果遇到特定的日子，学校还会举行全校范围的弥撒。

面对这种情况，如果你是田老师，请你给出对下列陈述的认同程度：

131. 自己是外派到当地的中方教师，并不是学校的正式员工，而且自己也不是天主教徒，不必参加相关活动。

132. 向校方表明自己对宗教的态度，告知校方，自己不参加类似活动。
133. 学校活动是了解学校和师生的机会和窗口，自己需要积极参与。

> 有一天工作之余，田老师和几个同事在办公室闲聊起来。当同事得知田老师是头一回来美国，就问他对美国、对当地的第一印象如何。田老师说，和自己想象的很不一样——他以为学校师生以白人为主，没想到“大家的皮肤这么 colourful”，并开玩笑说，感觉“自己不像是在美国”。田老师话音刚落，当场就有同事很激动，指责他有种族歧视。

面对这种情况，如果你是田老师，请你给出对下列陈述的认同程度：

134. 向同事澄清自己的本意，对引起大家误会表达歉意。
135. 自己说到肤色时，并没有歧视的意思，而且自己也是有色人种，同事过于敏感了。

第 136—150 题，每题由一个情境和四个与情境相关的陈述构成，每个陈述都是对这个情境的一种反应，包括行为、判断、观点或感受等。请先阅读情境，然后根据你对情境的理解，从 ABCD 四个陈述中选出你认为在此情境下最为合适的反应。

例题：

> 李敏在日本一所学校教汉语，刚到日本时，她选择与一位日本同事合租公寓。日本对垃圾分类有严格的要求，虽然李敏很注意垃圾的分类，但由于之前并没有这方面的经验，所以还是经常弄错，甚至导致邻居投诉，室友也多次因此事指责她，言语之间甚至认为李敏没有素质。

根据上述情境，如果你是李敏，请你给出最为合适的选择：

A. 无需多解释，自己努力学习如何处理垃圾，在不与室友和邻居发生冲突的情况下解决问题。
B. 主动向室友和邻居道歉，说明原委，并向室友寻求帮助，向她学习垃圾分类的方法。
C. 鉴于和室友以及邻居目前的关系不太好，还是尽快找中国同事合住，以便度过适应期。
D. 被室友和邻居误解太没面子了，须尽快从中国同事那里学习垃圾分类的技巧。

答案：B

第 136 题

> 孟老师今年被外派到某国的一个孔子课堂。新学期前，学校相关负责人把即将使用的当地教材交到孟老师手中，但是孟老师发现里面不少内容陈旧，教学法也偏传统，甚至还有几处错误，不能适应今天的汉语教学。

面对这种情况，如果你是孟老师，请你给出最为合适的选择：

A. 向学校主管人员提出自己的观点，并推荐合适的教材，请求更换。

B. 不表态，按照学校指定的教材完成交给自己的教学任务。

C. 从既有教材中选取适当的内容，或适当调整部分内容，尝试适用的教学方法。

D. 课上尽量少用这本教材，自己多制作更实用的课件。

第 137 题

> 汉语志愿者小孙在一所小学任教。通过一段时间的观察，他发现当地孩子普遍很难长时间集中精力在教学上，但是学校的每节课却有 50 分钟。

面对这种情况，如果你是小孙，请你给出最为合适的选择：

A. 在课堂中间设置一两次短的休息调整时间，带学生去室外活动一下再返回。

B. 告诉学生，客观环境要求大家必须不断提高集中精神的能力。

C. 设置多个不同的课堂活动，让学生对教学始终有新鲜感。

D. 精讲知识点，多做游戏，保证学生参与的热情。

第 138 题

> 课上，某个同学一直和同桌聊天，高老师多次用眼神提醒他们，但并没起到作用，两位学生甚至变本加厉，说笑打闹了起来。高老师走过去非常严肃地进行干预时，这位同学不仅不承认，还用当地语言爆出粗口。

面对这种情况，如果你是高老师，请你给出最为合适的选择：

A. 说明自己亲眼所见、亲耳所闻这两位学生在课上打闹，严厉批评他们，并调整他们的座位。

B. 先让这名爆粗口的学生冷静，并让他向自己和全班道歉。

C. 首先询问这两位学生为什么在课堂上打闹起来。

D. 学生一时着急，自己假装没有听懂粗口，先作“冷处理”。

第 139 题

> 孙老师是国外某孔院的一个项目负责人，目前项目要求尽快完成语料库、课件、教辅等一批教研产品的开发，参加该项目的中外教师都需要加班才有可能按时完成。

面对这种情况，如果你是孙老师，请你给出最为合适的选择：

A. 要求中方教师必须加班，外方教师自愿参加。

B. 一视同仁，中外教师都必须每天加班一定时间。

C. 向孔院提出书面申请，请求适当延长教研产品的开发时间，重新规划。

D. 说明加班的必要性，但不强迫参加，做好准备从其他项目借调人手。

第 140 题

> 在英国一个中学孔子课堂任教的黄老师凭借优异的教学能力和出色的活动组织能力，赢得了许多学生的喜爱。很多学生都想和黄老师在一些社交媒体上“互粉”。

面对这种情况，如果你是黄老师，请你给出最为合适的选择：

A. 婉拒学生加好友的请求，只维持最基本的师生关系。

B. 可以利用现代化的社交工具和学生互加好友，但主要精力放在指导学生上。

C. 只和一部分信得过的学生互加好友，避免不良后果。

D. 和学生家长互加好友，让学生在家长的指导和监督下与自己在社交媒体上互动。

第 141 题

> 赵老师是国内一所中学的专家级教师，教学经验丰富，也是学校教学管理的主要负责人之一。赵老师被派往国外一个中学的孔子课堂，当地学校安排她给一位年轻教师当助教。这位老师主要安排赵老师准备教具、批改作业、维持课堂纪律，基本不涉及实际教学。这让赵老师有了巨大的心理落差。

面对这种情况，如果你是赵老师，请你给出最为合适的选择：

A. 真诚向校方说明自己的优势，证明自己的能力，主动要求承担部分教学任务。

B. 努力适应新的角色，服从学校安排。

C. 和这位老师沟通、探讨，看如何能最大限度地利用自己的优势，服务于教学。

D. 向孔院领导说明情况，申请更换学校，以便在实际教学中做出更大的贡献。

第 142 题

> 外派到国外某大学孔院的雷老师很注重平时与同事和学生建立良好的关系。学校的一名中国留学生阿坤最近因生活习惯等问题，与房东发生了矛盾，房东甚至让阿坤限期搬出。阿坤因此非常苦恼，学习也大受影响，他找到雷老师，想请他帮忙。

面对这种情况，如果你是雷老师，请你给出最为合适的选择：

A. 矛盾的发生必然有双方的原因，所以先带阿坤向房东赔礼道歉，也让房东意识到自己处理问题的不妥之处，从而化解矛盾。

B. 从阿坤、其朋友、房东等多方面了解情况，站在中立、公正的立场，调解阿坤和房东的矛盾。

C. 向阿坤解释，矛盾化解与否取决于他和房东，自己作为老师爱莫能助。

D. 多方了解情况，为阿坤提供一些解决问题的建议。

第 143 题

> 孙老师正在初级汉语课上进行语音教学，其中一名学生对某个发音暴露出了不小的问题。孙老师耐心帮助他纠正了很长时间，但仍然没有明显好转。

面对这种情况，如果你是孙老师，请你给出最为合适的选择：

A. 向全班解释这个音的发音要领，并在今后的教学中适时纠正、练习。

B. 暂时停止正音，不耽误全班进度，告诉学生需要自己在课下多操练。

C. 严格要求，严格把关，要求这名同学当堂解决这个发音问题。

D. 请其他掌握了相关发音要领的同学在课上多帮助这位同学。

第 144 题

> 国内某大学即将举行全校毕业生的学位授予仪式。留学生穆罕默德·阿里找到有关人员，他认为学位服的起源和样式“与自己的宗教信仰相冲突”，所以希望在仪式上不穿学校统一制式的学位服。

面对这种情况，如果你是学校相关人员，请你给出最为合适的选择：

A. 真诚向阿里解释说明，但仍严格按照规则，要求所有人员在集体活动上统一着装。

B. 特殊情况特殊处理，尊重阿里的选择，允许他到时候穿其他的服装。

C. 耐心与阿里沟通，说明情况，并劝说他在集体活动上保持着装统一。

D. 认识到常规的着装规定可能不适用于留学生，允许留学生自行决定着装。

第 145 题

> 魏老师在国外一所孔子学院担任汉语教师。这学期末，当期末成绩公布出来之后，一些学生找到魏老师，列举自己平时的各种“优异表现”，并以此请求魏老师在正式上报成绩之前，再为自己加一些分，这样也有利于今后就业。事实上，不少当地教师的确会尽量给学生高分。

面对这种情况，如果你是魏老师，请你给出最为合适的选择：

A. 以公平优先，最后的成绩一律以卷面分数为准，但同时耐心向学生解释说明。

B. 与当地教师的做法保持一致，为这些学生酌情加分。

C. 请学生先询问学校教务或者考核负责人，他们同意之后，自己再为他们加分。

D. 向学生解释自己的评分标准，并按统一标准，综合评判全班同学考试和平时的表现。

第 146 题

> 张老师在韩国一所小学教中文，班上有个孩子的妈妈也是小学老师，经常和张老师交流她自己的教学经验。一次家长会后，她向张老师提出了来学校听课的请求。

面对这种情况，如果你是张老师，请你给出最为合适的选择：

A. 我对自己的中文课很自信，随时欢迎家长来听课。

B. 允许家长听课，并希望对我的教学提出改进意见。

C. 家长听课会影响正常的教学秩序，应直接委婉拒绝她。

D. 家长听课是大事，要首先征询学校主管部门意见。

第 147 题

> 小周作为一名汉语助教已经来西班牙赴任两个月了，听了本地老师的课，也录了像。老师上课非常有意思，孩子们也很可爱。小周给学生们拍了很多照片，想放到网上，给国内的朋友们看看国外的教学环境，但是本地老师坚决反对。为此，小周非常困惑。

面对这种情况，如果你是小周，请你给出最为合适的选择：

A. 西班牙人非常注重孩子的隐私，这是本地老师反对的原因。

B. 在中国，老师把学生的照片或者视频传到网上是很平常的事儿。

C. 通过视频、照片等方式介绍西班牙的教学，有极好的宣传效果。

D. 西班牙老师也太谨慎了，我只是分享给自己的朋友，他人不会知道。

第 148 题

> 小王是一位小学语文老师，作为外派教师到美国的一所小学教汉语。在汉语课堂上，王老师要求孩子们像中国的小学生一样坐整齐，并一板一眼地跟着她读拼音、写汉字。来听课的教务主任 Anna 情绪非常激动，直接站起来当着学生的面大声说：“王老师，你不可以这样教我们的孩子，你会把他们教坏的。”王老师非常尴尬。

面对这种情况，如果你是小王，请你给出最为合适的选择：

A. 当面直接表达自己的意见是美国人的风格和习惯，很正常。

B. Anna 老师的做法丝毫不考虑我的感受，让我很没面子。

C. 确实不该把国内的教学经验完全照搬到美国的小学课堂上。

D. 教学也该入乡随俗，应该充分了解美国的课堂再开展教学。

第 149 题：

> 新手教师小王的班上有一名学生很努力，但是由于基础太差、学能不佳等原因，她的成绩一直不好。小王非常想帮助和鼓励这个学生，因此在课堂上经常叫她回答问题，在纠正她的错误时，往往更仔细，耗时也更多。

面对这种情况，如果你是小王，请你给出最为合适的选择：

A. 给予该生太多的关注，肯定会引起其他学生的不满。

B. 对这位同学的帮助，也可能会增加她的挫败感和焦虑。

C. 应该利用课后的时间，尽可能地给予该生更多帮助。

D. 可以发动班里的所有学生，大家一起来帮助这名学生。

第 150 题：

> 郑老师在欧洲从事汉语教学。暑假到了，她打算到欧洲其他国家去旅行，看看当地的风土人情。结果学校却通知她参加学区的研讨会，并且要在研讨会上总结本校的教学。而研讨会的日期正好跟她的旅行计划冲突了，她很不开心。

面对这种情况，如果你是郑老师，请你给出最为合适的选择：

A. 郑老师应该向校方说明自己的计划，委婉拒绝学校的安排。

B. 研讨会是一个难得的学习和锻炼的机会，放弃旅行是值得的。

C. 作为老师，教好汉语就够了，如果不感兴趣可以不参加研讨会。

D. 教到老，学到老。可以调整计划，实现研讨、旅行两不误。

《国际汉语教师证书》

考　试

仿真预测试卷三

注　意

一、本试卷分三部分：

1. 基础知识 50 题

2. 应用能力 50 题

3. 综合素质 50 题

二、请将全部试题答案用铅笔填涂到答题卡上。

三、全部考试约 155 分钟（含 5 分钟填涂答题卡时间）。

第一部分 基础知识

第1—5题

A：王老师的儿子都可厉害了。
B：怎么厉害？
A：他的一个儿子去年考上了北京大学，另一个最近刚接到清华的录取通知。
B：真厉害！这下王老师可牛了。

1.“他的一个儿子在北京大学。”汉语拼音的正确写法是：
A. Tā de yígè érzi zài Běijīng dàxué.
B. Tā de yí gè érzi zài Běijīng dàxué.
C. Tā de yīgè érzi zài Běijīng Dàxué.
D. Tā de yī gè érzi zài Běijīng Dàxué.

2.“另一个最近刚接到清华的录取通知”这句话中，声母属于舌面、送气、清、塞擦音的是：
A. 最　　B. 近　　C. 清　　D. 知

3.“牛”的调号标注在：
A. 韵头　　B. 韵腹　　C. 韵尾　　D. 介音

4. 听觉上自然感到的最小语音单位是什么？
A. 音素　　B. 音节　　C. 音位　　D. 音高

5. 与文中的汉字“这”结构相同的字是：
A. 厉　　B. 害　　C. 师　　D. 牛

第6—9题

甘？下风　　一筹莫展
鞠躬尽？　　随声附和

6. 写出“？”处应填入的汉字，都正确的一组是：
A. 败、瘁　　B. 败、萃　　C. 拜、瘁　　D. 拜、萃

7.“莫”对应的造字法是：
A. 象形　　B. 指事　　C. 会意　　D. 形声

8. 与“一筹莫展”中的“一”读音**不相同**的是：
A. 一针见血　　B. 一尘不染　　C. 一鼓作气　　D. 一箭双雕

9. 下面哪一项是“随声附和”的构成方式？
A. 主谓　B. 偏正　C. 联合　D. 述补

第10—14题

> (1) 笼子里挂着一块肉，狮子站在笼子外边，(2) 看着那块肉。聪明的狮子知道，毫无疑问，这肯定是一个陷阱。猎人就在附近，(3) 过一段时间就会来看一下。但狮子也下定决心：(4) 说什么也得吃到这块肉！

10. 句（1）属于下列哪一种句式？
A. 主谓谓语句　B. 存现句　C. 比较句　D. 兼语句

11. 下列四个句子中，哪一个与句（2）中的“着”用法相同？
A. 他一句话也不说，好像脑子里在寻思着什么。
B. 门开着呢，你进来吧。
C. 麦克今天穿着一件黑色的毛衣。
D. 你瞧瞧，我昨天说什么来着？

12. 句（3）中，“会”属于什么词？
A. 副词　B. 形容词　C. 动词　D. 介词

13. 句（4）中的“什么”属于疑问代词的哪个用法？
A. 任指　B. 特指　C. 虚指　D. 暗指

14. 句（4）中的“得”字在现代汉语中共有几个读音？
A. 二个　B. 三个　C. 四个　D. 五个

第15—19题

> 玛丽：(1) 跑步时你出了一身汗，(2) 你是不是不常锻炼？
> 中村：(3) 咱们俩是同屋，你还不知道吗？可是你跑得那么快，不累吗？
> 玛丽：还可以，我每天都跑步。
> 中村：是吗？(4) 你干吗不叫我一起去？
> 玛丽：我每天都是六点半离开咱们房间啊，(5) 难道你不知道？
> 中村：(6) 哈哈，我睡得比较熟。(7) 以后我吃了晚饭也去散散步。

15. 在句（1）中，“身”属于下列哪种量词？
A. 专用名量词　B. 借用名量词　C. 专用动量词　D. 借用动量词

16. 在（2）到（5）四个问句中，与其他三句类型**不同**的一项是：
A.（2）　B.（3）　C.（4）　D.（5）

17. 句（6）中的补语属于：

A. 结果补语　　B. 可能补语　　C. 情态补语　　D. 趋向补语

18. 对于句（7）中的“了”，下列解释中正确的是：

A. 动态助词“了”，表示情况的变化

B. 语气助词“了”，表示动作的完成

C. 动态助词“了”，表示动作的完成

D. 语气助词“了”，表示情况的变化

19. 如果老师想练习文中“散散步”的用法，下面四组中哪组最合适？

A. 跑步　休息　喝茶　　B. 学习　看书　上网

C. 吃饭　睡觉　高兴　　D. 减肥　游泳　唱歌

第20—23题

> 四大文明古国很早就创造了自己的文字：古埃及有圣书字，古巴比伦人使用楔形文字，古印度产生了婆罗米文、佉卢文，古代中国有甲骨文。随着中国历史的发展，汉字演变经历了不同阶段。每一个汉字似乎都是一幅图画，蕴含着中华民族的智慧和文化。

20. 关于汉字，下列描述**不正确**的一项是：

A. 汉字是古老文字体系中唯一一直使用到现在的文字

B. 汉字是属于表意体系的文字

C. 汉字是汉语中最重要的交际工具

D. 汉字是记录汉语的书写符号系统

21. 构成汉字的最小单位是什么？

A. 部件　　B. 部首　　C. 笔顺　　D. 笔画

22. 关于下列汉字形体演变顺序，正确的一项是：

A. 甲骨文、金文、隶书、楷书、行书

B. 甲骨文、金文、小篆、隶书、楷书

C. 甲骨文、小篆、金文、隶书、楷书

D. 甲骨文、金文、小篆、隶书、行书

23. 在进行汉字教学时，下列哪种做法效果最好？

A. 熟能生巧，要求学生反复抄写

B. 要求学生背诵所有笔画的名称

C. 应该先教独体字，再教合体字

D. 每个字都耐心地讲解字形演变

第 24—27 题

> 李哲的父母是墨西哥移民，他和哥哥都是在加州出生、长大的。哥哥是电脑博士，自己设计管理网站。（1）李哲的嫂子十五年前从香港来美国留学，拿到硕士学位以后找到工作，（2）就在美国住了下来。哥哥和嫂子结婚十年了，（3）生活一直很美满，可是最近在儿女的教育问题上，意见常常不同，（4）有时甚至吵得很厉害。

24. 句（1）是一个连谓句，其中前后谓语的语义关系是：

A. 表先后发生的动作

B. 后项表示前项动作的目的

C. 前后两件事表因果关系

D. 后一性状表前一动作的结果

25. 下列四句中，与句（2）中的“下来”语义一致的一项是：

A. 书在我的房间呢，你帮我拿下来吧。

B. 这个内容非常重要，请大家把它记下来。

C. 创业不易，好在他坚持下来了。

D. 不要激动，有什么事咱们坐下来谈。

26. 下列四个词语中，与句（3）中“教育”的构词方式一致的是：

A. 教室　　B. 教导　　C. 教书　　D. 体育

27. 下列哪一项与句（4）中的“厉害”语义一致？

A. 这么难的数学题你都会做，真厉害！

B. 田中肚子疼得很厉害，不能来上课了。

C. 因为刘老师比较厉害，学生都不敢问问题。

D. 咱们得选几个厉害的人参加明天的比赛。

第 28—30 题

> 盼望着，盼望着，东风来了，春天的脚步近了。一切都像刚睡醒的样子，欣欣然张开了眼。山朗润起来了，水涨起来了，太阳的脸红起来了。
>
> 小草偷偷地从土里钻出来，嫩嫩的，绿绿的。园子里，田野里，瞧去，一大片一大片满是的。坐着，躺着，打两个滚，踢几脚球，赛几趟跑，捉几回迷藏。风轻悄悄的，草软绵绵的。
>
> 桃树，杏树，梨树，你不让我，我不让你，都开满了花赶趟儿。红的像火，粉的像霞，白的像雪。花里带着甜味；闭了眼，树上仿佛已经满是桃儿，杏儿，梨儿。花下成千成百的蜜蜂嗡嗡地闹着，大小的蝴蝶飞来飞去。野花遍地是：杂样儿，有名字的，没名字的，散在草丛里像眼睛，像星星，还眨呀眨的。
>
> ——节选自朱自清的《春》

28.“像”由几个音素构成？

A. 3 个　　B. 4 个　　C. 5 个　　D. 6 个

29. 下列句子与“山朗润起来了”“太阳的脸红起来了”中“起来”的意思相同的是：

A. 你为什么把东西藏起来了？

B. 她为什么看起来那么不开心？

C. 他怎么也回忆不起来那件事儿了。

D. 她天生就瘦，吃什么也胖不起来。

30.“野花遍地是：杂样儿，有名字的，没名字的，散在草丛里像眼睛，像星星，还眨呀眨的。”使用了什么修辞手法？

A. 夸张　　B. 拟人　　C. 比喻　　D. 借代

第 31—33 题

直美：(1) 我今天真是倒霉透了。
莉莉：你怎么了？
直美：别提了，(2) 刚才骑车出去，(3) 我被一辆三轮车撞倒了。
莉莉：是吗？受伤了没有？
直美：(4) 你看，胳膊和腿都被撞青了。
莉莉：真不像话。
直美：下午我逛商店的时候。钱包又叫小偷偷走了。真气人！
莉莉：你可真是够倒霉的。

31. 句（1）中的“透”属于什么词？在句中的句法成分是什么？
A. 动词，作补语
B. 形容词，作补语
C. 形容词，作状语
D. 动词，作谓语

32. 句（2）中的“刚才”也可以换成“刚刚”，但二者之间的主要区别是：
A. 都是副词，但是“刚刚”后可以加表示时间的词，“刚才”不可以
B. “刚才”是副词，“刚刚”是名词，后面都可以加表示时间的词
C. “刚才”是名词，“刚刚”是副词，后面都不可以加表示时间的词
D. “刚才”是名词，“刚刚”是副词，“刚刚”可接表示时间的词，“刚才”不可以

33. 与句（4）中“都”的语义相同的一项是：
A. 昨天的活动所有同学都参加了。
B. 你怎么连这么简单的事都不会做？
C. 都十二点了，我该睡觉了。
D. 他想都没想过自己有一天能来中国留学。

第 34—36 题

> 张老师的初等水平教学班里有一位美国留学生，经常会在课上对汉语的特点和中国人的一些文化习惯表示不屑或是不满。在课上经常能听到他用英语抱怨“中国人真是不太聪明，花这么长时间写一个汉字”“为什么不能说‘我是好’”“我不理解为什么每个汉字都有声调”等等。张老师看到这些情况后，课下主动跟这位美国学生谈话，给他讲了汉字的演变和字形字义之间的关系，还给他简单介绍了当代中国的情况。后来这位学生不但不再抱怨汉语难学，反而爱上了中国文化，汉语水平也得到了迅速提高。

34. 张老师的处理方式，是基于下列哪一个理论？
    A. 需求层次分析理论　　B. 文化适应理论
    C. 社会文化理论　　D. 心理社会发展阶段理论

35. 材料中所包含的理论，是由哪位学者提出的？
    A. 科德（Corder）　　B. 维果茨基（Lev Vygotsky）
    C. 舒曼（Schumann）　　D. 乔姆斯基（Chomsky）

36. 为了让这位学生理解声调的重要性，张老师应该用下列哪种方法？
    A. 给学生演示每个字的正确发音
    B. 向学生展示五度标调法并操练
    C. 给学生讲解“妈麻马骂吗”的语义
    D. 告诉学生声调是汉语的语音习惯

第 37—39 题

> 一个女人在不知道的地区丢了她的路.
> 她不知道这儿是哪儿，和怎么回去.
> 那儿有三个路. 她只看着三个路. 她
> 一面看、一面不断思. 但是她不能决
> 定. 像这样的事，我们的人生也有很
> 多决定的时间，而且那是很重要的.

37. 这篇作文的第一句中出现的“丢了她的路”属于下列哪一种现象？
    A. 语内负迁移　　B. 语内正迁移
    C. 语际负迁移　　D. 语际正迁移

38. 这位学生写出“那儿有三个路”的主要原因是：

A. 目的语规则的泛化

B. 母语规则对目的语的负面影响

C. 写作文时太紧张

D. 不重视汉字的学习，不会写“条”

39. 作文中的“和怎么回去”属于比较严重的偏误，为了减少这类偏误，下列哪一项教学方法的效果最好？

A. 认真讲解“和”的词性，告诉学生“和”是一个连词，用于名词或代词间的连接

B. 告诉学生句子前面不能用“和”，因为中国人从来不这样说，这是我们的习惯

C. 告诉学生此处不能用“和”并让学生多读课文，自己体会句子间应该如何连接

D. 告诉学生“和”一般不能连接句子，并给一些例句，展示句子间如何连接

第 40—43 题

下面是一位老师在进行“把”字句教学时所设计的一些活动和练习，请你从 A—E 中分别选出这些教学环节的教学目标，其中有一个多余选项。

40. 交际性问答

老师问：你的书在哪儿？　学生答：我把书放在桌子上了。

老师问：你的手机怎么不响？　学生答：我把手机关了。

41. 课堂练习

昨天中午，__________。

A. 他没把饭吃　　　　B. 他没吃完饭

我每个周末都要去商店__________。

A. 把水果买　　　　B. 买水果

42. 板书展示

老师放书，书在桌子上。——老师把书放在桌子上了。

他洗衣服，衣服洗干净了。——他把衣服洗干净了。

43. 课下思考题

为什么可以说：“老师　把　杂志 放　在 桌子上 了。”

但是不可以说：“张东　把　包子 吃　在 教室里 了。”

40. ________

41. ________

42. ________

43. ________

A. “把”字句中的受事应为定指的对象

B. “把”字句的基本结构

C. “把”字句中的动词部分应为复杂结构

D. “把”字句多表示“处置”之义

E. “把”字句中表示处所的词语与受事相关

第 44—46 题

下图反映的是教育心理学家加涅提出的“信息加工模式”的基本过程：

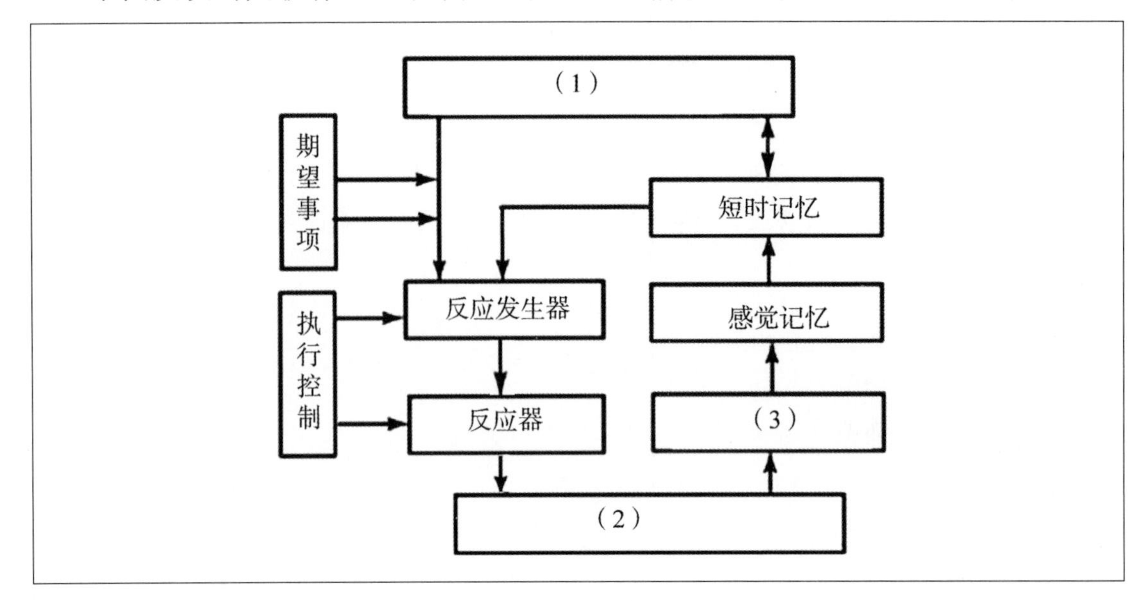

44. 图中（1）（2）（3）处应该填入的三项分别是：

A. 环境　　长时记忆　　感受器

B. 感受器　　长时记忆　　环境

C. 长时记忆　　环境　　感受器

D. 感受器　　环境　　长时记忆

45. 加涅认为，在设计教学之前，必须先确定学生可能获得哪些能力，因此提出了五类学习结果：理智技能、认知策略、言语信息、动作技能、态度。下列四个选项中，实际结果与理论一致的是？

A. 学生喜欢某位口语老师，因此喜欢上口语课——言语信息

B. 零基础的学生在老师的指导下学会了写汉字——态度

C. 学生在老师的引导下发现了自己的语法错误——认知策略

D. 学生在老师的课上理解了词语的意思并造句——动作技能

46. 加涅认为学习包括动机、领会、习得、保持、回忆、概括、作业、反馈八个阶段，其中关于学习动机，下列说法正确的是？

A. 留学生为通过 HSK 参加补习——兴趣动机

B. 留学生因为申请到政府奖学金而来华留学——外部动机

C. 中国人移民到澳大利亚开始努力学习英语——工具性动机

D. 在父母的强烈建议下，小王选择了中文专业——内部动机

第 47—50 题

学生在课堂操练时说出了“昨天我没吃晚饭了”这样的句子。以下是教师引起学生注意的互动方式。请从 A—F 中选出与下列叙述内容对应的互动方式。每个选项只能选择一次，其中有两个多余选项。

47. 哦，昨天你没吃晚饭。
48. 昨天……，请你再说一遍。
49. 没吃晚饭了？
50. 昨天你……怎么了？

47. ________
48. ________
49. ________
50. ________

A. 重复
B. 引导
C. 请求澄清
D. 显性纠错
E. 重述
F. 元认知纠错

第二部分　应用能力

第 51—55 题

> 以下是某教材对语言点“只要……就……”进行的设计：
>
> (1)
>
> “只要……就……”连接的是一个条件复句，“只要”后边是必要条件，“就”后边是其结果。如果是同一主语，主语可以放在“只要”前，也可以放在“只要”后。如果是不同的主语，第二个主语要放在“就”的前边。
>
> 例句 1：我只要有时间，就一定跟你去爬山。
>
> 例句 2：我只要喜欢，就一定会买。
>
> 例句 3：＿＿＿＿＿＿＿＿＿＿＿＿＿＿。
>
> (2)
>
> 练一练：完成对话。
>
> ① A：你对大家都这么好啊？
>
> 　B：是啊！我觉得只要我对别人好，＿＿＿＿＿＿＿＿＿＿＿＿＿＿。
>
> ② A：只要你努力学习，＿＿＿＿＿＿＿＿＿＿＿＿＿＿。
>
> 　B：老师，我一定会努力的。
>
> (3)
>
> 小组活动：3—4 人一组，一个人说说自己现在的烦恼，另外几个人帮他出出主意。
>
> 例如：
>
> A：我现在身体不好，常常感冒。
>
> B：只要你常去锻炼，身体就会慢慢好的。
>
> C：只要你注意休息，身体就会很好。
>
> D：只要你早起早睡，身体就会好的。

51. 这段教学材料最适合的课型是：

　A. 综合课　　B. 阅读课　　C. 写作课　　D. 听力课

52. 第（1）部分是对语言点“只要……就……”进行：

　A. 展示　　B. 讲解　　C. 操练　　D. 扩展

53. 下列句子中，最适合做例句 3 的是：

　A. 只要我有空，就给你打电话。

　B. 只要你想去，我就跟你一起去。

　C. 只要有了钱，我就一定买一辆新车。

　D. 只要你坚持不懈，成功就一定属于你。

54. 第（2）部分的练习属于：

A. 机械性练习　B. 重复性练习　C. 半开放练习　D. 交际性练习

55. 对于第（3）部分活动设计的评价或建议，合理的是：

A. 活动的设计缺乏信息差和观点差，学生对这个话题无话可谈

B. 每组3—4人，人数太多，会造成活动分散、开口率不高，建议改成双人活动

C. 没有要求使用目标语言点，应要求学生在活动中使用“只要……就……”句式

D. 活动范例中的例句准确性不够，C句应该改为“你只有注意休息，身体才会变好。”

第56—59题

> 魏老师在尼泊尔的一所孔子学院教授准中级班阅读课。其中一篇课文如下：
>
> 我可以吻你一下吗
>
> 对我们外国人来说，汉语是一种很难学的语言。我就因为发音不好，闹过很多笑话。
>
> 有一天，我找不到回家的路了，只好向中国人问路。我看见对面走过来一个姑娘，就上去问她：“对不起，我可以吻你一下吗?”我把四声的“问”发成了三声。那个姑娘瞪了我一眼没有回答就走了。我非常吃惊，心想：中国姑娘都这么没有礼貌吗？在一个十字路口，我看到了一位警察，于是就又上去问：“我可以吻你一下吗?”那个警察奇怪地看着我：“你怎么了？我是男人，你也是男人。”

56. 这段材料中，最有可能成为学生阅读障碍的一组词语是：

A. 闹笑话、问路、着　　B. 瞪、吃惊、奇怪

C. 外国人、礼貌、位　　D. 对面、非常、十字路口

57. 背景知识在阅读中有着重要作用，教师可以通过以下步骤激活学生的背景知识：

① 引导学生理解文章标题

② 教师简单提供相关的背景知识

③ 通过提问激活学生的背景知识

④ 培养学生主动联系已有知识的习惯

正确的排序是：

A. ①③②④　　B. ②①④③

C. ③①②④　　D. ②①③④

58. 某个学生阅读速度非常慢，经老师观察，原因是没有养成良好的阅读习惯。针对这个学生的这一情况，老师可以采取的训练方法是：

A. 让学生背生词表，增加词汇量

B. 强化语法训练，提高学生的语言水平

C. 对固定文本进行限时阅读和重复阅读

D. 读写结合，让学生一边读一边抄写课文

59. 魏老师设计了这样一个练习：

根据课文的内容判断对错：听了“我”的话，那位姑娘很生气。（　　）

这个练习考查的是：

A. 字词辨识能力　　B. 把握文章主题的能力

C. 把握主要信息的能力　　D. 概括段落大意的能力

第60－63题

请将四种词语教学方法与具体的操作过程进行匹配，从A－D中选择。

60. 学习“辨别”一词时，老师告诉学生，“辨别”后面可以加“好坏”“真伪”“方向”“颜色”“声音”等词。

61. 解释一些自然天气现象的词，如“风”“霜”“雨”“雪”等，可以展示相应的图片。

62. 讲“文具”一词时，可以列出属于文具这一范畴的词汇，如“铅笔”“橡皮”“笔记本”“直尺”等。

63. 讲解“交换”“交流”时，可以指出二者的区别在于搭配对象不同。“交换”多与“意见、礼物”等搭配，“交流”多与“思想、文化”等搭配。

60. ________

61. ________

62. ________

63. ________

A. 搭配法

B. 比较法

C. 类聚法

D. 直接法

第 64—68 题

李老师在泰国曼谷某所孔子学院任教，主要教授初级水平的综合课。李老师将课堂教学设计为以下几个步骤：

① 组织教学
② 学习生词的意义、用法，并进行练习
③ 对本课进行小结，布置作业
④ 对课文进行分步讲练
⑤ 新课导入
⑥ 语言点的导入、讲解和操练

64. 李老师的课堂教学步骤的正确排序是：

A. ①⑤⑥④②③　　B. ①⑤②⑥④③
C. ⑤①⑥②④③　　D. ⑤①②⑥③④

65. 在组织教学这一环节，下列哪项做法是**不合适**的？

A. 微笑注视学生，表情温和
B. 点名的同时与学生轻松交谈
C. 播放一段 3 分钟的中国相声片段
D. 询问学生的身体状况和学习情况，如“今天身体怎么样”“昨天预习了吗”

66. 老师对课文进行分步讲练，空白处应该是：

展示理解课文——　　　　　　——复述表演课文

A. 反复阅读课文　　B. 朗读操练课文
C. 小组改写课文　　D. 分析讨论课文

67. 在讲解生词时，李老师使用了很多方法。例如在讲解“举”这个生词时，把自己的手举起来，告诉学生这个动作叫“举”，并做动作让学生说出“举手”“举着一本书”“举着一瓶水”。这种讲授生词的方法叫做：

A. 直接释义法　　B. 语素教学法
C. 对比教学法　　D. 情景教学法

68. 在泰国的汉语课堂上，老师的下列哪项做法是**不合适**的？

A. 学生回答正确时，抚摸学生的头顶表示鼓励
B. 在课堂上，即使炎热也要穿着较为正式的服装
C. 当学生出现语音错误时，及时纠正学生的错误
D. 发现学生因腼腆而不回答问题，可以设计小组活动以降低学生焦虑感

第69—72题

请将下列偏误句与造成偏误的原因进行匹配，从A—E中选择，其中有一个多余选项。

69. 你这是在吹捧我，我哪有那么好。
70. 我很困，我不能开我的眼睛。
71. 今天下午，我要见面我的语伴。
72. 你应该多运动，你最近有点儿肥。

69. ________
70. ________
71. ________
72. ________

A. 两种语言中对应词的搭配关系不同
B. 两种语言中对应词的语体色彩不同
C. 两种语言中对应词的感情色彩不同
D. 目的语的词与母语的词之间在意义上互有交叉
E. 两种语言中语义对应的词语，句法使用不同

第73—75题

《跟我学汉语》是由陈绂、朱志平主编，由人民教育出版社出版发行的一套对外汉语教材。这是一套专为海外中学生编写的汉语教材，使用对象主要是以英语为母语的中学生或者其他年龄在15岁—18岁的青少年第二语言学习者。这是一套零起点教材，终点接近中级汉语水平。针对北美的学制，教材分为四册。

73.《跟我学汉语》的教学对象的特点是：

A. 形象思维能力比较突出，同时抽象思维能力也开始逐渐增强
B. 在语音学习方面处于劣势，在听说练习中需要及时的干预和指导
C. 往往通过模仿和重复来自然地习得外语，注意力不够集中、自律性相对薄弱
D. 认知和心理处于一种相对成熟的状态，需要通过系统的学习才能掌握一门外语

74.《跟我学汉语》教材编写理念中吸收了美国“5C”外语学习标准，下列哪一项**不属于**“5C”标准？

A. 沟通　　B. 理解　　C. 社区　　D. 贯连

75. 这本教材的话题是根据北美中学 9—12 年级学生所提供的兴趣范围来确定的，适合编入本教材的一组话题是：

A. 学校生活、体育爱好、中国传统文化

B. 日常交际、种族偏见、多元文化

C. 饮食健康、交通地理、教育政策

D. 珠心算、衣食住行、环境与社会

第 76—81 题

> 以下是某篇课文的节选：
> 小赵：立峰公司的股票怎么突然暴跌了？
> 小李：你还不知道吗？有媒体报道说他们逃税 500 多万呢。
> 小赵：是吗？怎么被发现的？
> 小李：他们的客户举报说，和他们做生意时没有拿到正式发票。
> 小赵：立峰没有回应吗？
> 小李：没有。所以，现在是真是假还不知道。
> 小赵：立峰是多年的缴税大户，声誉一向很好，我不相信他们会逃税。
> 小李：商海之中什么事都有可能发生啊，等着看吧！

76. 从词语构成来看，下列哪个词跟“暴跌”相同？

A. 逃税　　B. 赔偿　　C. 净增　　D. 看空

77. 根据以上材料，以下哪本教材最适合该班的学生？

A.《汉语教程》　　B.《中级商务汉语》

C.《体验汉语：生活篇》(进阶)　　D.《快乐汉语》

78. 学生们在学完本教材后要测试一下自己的汉语水平，他们应该选择：

A. HSK　　B. HSKK　　C. YCT　　D. BCT

79. 在设计课堂活动时，以下哪项是**不需要**考虑的？

A. 学生特点　　B. 课程要求　　C. 教学阶段　　D. 理论依据

80. 从课型的角度看，该校给学生安排的这门课属于：

A. 特殊目的课　　B. 专项技能课

C. 文化知识课　　D. 语言要素课

81. 针对以上材料，以下哪个活动最适合作为拓展练习？

A. 组织学生调研并介绍中国的股票市场

B. 让学生列举他们国家声誉好的企业

C. 让学生调查并分享在他们国家企业缴税和逃税的情况

D. 让学生调查并介绍近期在他们国家商海中发生的大事件

第 82—86 题

一个零起点的班正在练习重点词“听说”和“应该”。老师的例句是：

A：听朋友说，北京烤鸭很好吃。

B：那我们应该去尝尝。

在别的同学成组练习时，一位学生猛查了一阵子词典，然后磕磕巴巴地说出了他的句子：“听总经理说，中国的经济发展很快。”搭伴练习的同学目瞪口呆，完全听不懂。而由于发音的问题，授课老师江老师也是连猜带蒙才知道这位学生在说什么。江老师还发现，这位学生在课堂上勤于记笔记，而不是勤于开口；而且他喜欢查词典，说句子时表现较为谨慎，且容易受到来自同学评价、老师评价的影响，希望得到来自同学和老师的认可，从而获得满足感。

82. 根据这位学生的课堂表现，从认知方式的角度来说，他属于：

A. 场独立型　B. 场依存型　C. 听觉型　D. 视觉型

83. 成组练习时，老师往往难以纠正学生的发音，以下做法正确的是：

A. 老师不纠错，要求同伴互相指出及反馈

B. 老师站在一边，听小组练习，随时纠错并进行反馈

C. 老师不纠错，成组练习时发音不是重点，可以不做处理

D. 老师随时走动并记录典型错误，活动完成后统一纠错

84. 对于课堂上出现的这种状况，以下处理方式**不正确**的是：

A. 练习时告诉学生要多用学过的词语，而不是生词

B. 该生的句子很好，老师可以抓住这个机会练习这些有用的词

C. 为了保持课堂节奏，该生的句子可以冷处理，学生知道意思即可

D. 提前对小组练习的内容加以控制，尽量减少学生增加新词的可能性

85. 江老师上课时习惯随堂记录学生的课堂表现，如学生们的学习方式、学习策略等，并据此及时调整自己的教学方案，改进课堂教学。江老师这种评估课堂的方法属于：

A. 形成性评估　B. 诊断性评估

C. 终结性评估　D. 安置性评估

86. 如果课上有个别学生注意力不集中，交头接耳甚至私下聊天，江老师较好的处理方式是：

A. 批评学生　B. 沉默几秒

C. 悄悄走到学生身边　D. 对学生的行为视而不见

第 87—91 题

活动目标：使学生能够熟悉并掌握有关方位、天气的词语和介绍天气情况的句子。

活动用时：30 分钟。

活动准备：

1. 英文版中国地图、标记城市位置的小旗。
2. 不同天气情况的卡片。
3. 老师准备北京、哈尔滨、上海、广州、拉萨五个城市两天的天气预报，并做成天气预报卡片。格式如下：

城市：北京
日期：3 月 21 日星期二
天气：多云
最高温度：11℃
最低温度：2℃

活动方式和步骤：

1. 请学生在地图上找出五个城市的位置，并用小旗标记出来，并复述城市位置。
2. 根据天气卡片，复习天气相关词语。
3. 学习“最”的意思和用法。
4. 分组活动，描述天气预报卡片上的信息。
5. 抢答环节：老师提问 5 个问题让学生抢答，如：“明天北京天气怎么样?”

87. 上述活动最适合哪一类汉语学习者？

A. 初级汉语进修生　　B. 幼儿园学生

C. 商务汉语学习者　　D. 青少年中级水平学习者

88. 在本课的活动中，学生结合新学的语言项目产出的目标句**不包括**：

A. 哈尔滨在中国的北部。

B. 今天是 3 月 21 日。

C. 北京多云。

D. 今天北京的最低气温是 2℃。

89. 老师提前准备了中央电视台《天气预报》节目的视频，想在课堂上播放。可是考虑后放弃了这个设计。你觉得最可能的原因是：

A. 缺乏实效性　　B. 趣味性不强

C. 缺乏交际型　　D. 适用性不足

90. 设计丰富有效的教学活动是国际汉语教学的重要部分。此观点跟以下哪个理论**没有**关系？

A. 情感过滤假说　　B. 互动式学习理论

C. 社会文化学理论　　D. 建构主义教学理论

91. 哈尔滨和拉萨分别属于哪种气候类型？

A. 亚寒带针叶林气候、温带海洋性季风气候

B. 中温带大陆性季风气候、高原温带季风气候

C. 中温带大陆性季风气候、温带海洋性季风气候

D. 亚寒带针叶林气候、高原温带季风气候

第92—95题

以下是对语言测试的质量指标的描述，请从A—E中选出所对应的一项，其中有一个多余选项。

92. 指测试能否将被试的水平高低分开
93. 指测试的内容和方法是否能测出想要测量的东西
94. 又称可靠性，主要是指测量结果的一致性和稳定性，即测验结果是否反映了被试的稳定的、一贯性的真实特征。
95. P值：如果所有被试都答对该题目，P值最高，为1；如果所有被试都没有答对该题目，P值最低，为0。

92. ________

93. ________

94. ________

95. ________

A. 效度

B. 信度

C. 区分度

D. 反馈作用

E. 难易度

第96—100题

> "范进中举"的故事以范进参加科举考试得中举人为主线，夸张但生动地刻画了一个因科举喜极而疯的人物形象。
>
> 范进与其岳丈胡屠户交流时的态度、动作、言语、表情等，在中举前后大相径庭。范进中举前对胡屠户唯唯诺诺，尊称其为"岳父"，但中举后便改口"老爹"。胡屠户对范进也是前倨而后恭。这些细节都将人物刻画得入木三分。
>
> 故事同样通过乡邻在范进中举后对他的前呼后拥、乡绅赠其房屋等场景，描绘出了趋炎附势的社会风气，展示着世态炎凉。"范进中举"也因此成为清代现实主义小说中的经典段落。

96. 上述材料中的故事出自哪部小说？

A.《镜花缘》　B.《儒林外史》

C.《官场现形记》　D.《二十年目睹之怪现状》

97. 我们从上述材料可以推测，范进参加的是：

A. 乡试　B. 会试　C. 殿试　D. 县试

98. 范进在中举前称胡屠户为"岳父"。下列哪项画线词语的修辞方式与"岳父"一词相同？

A. <u>巾帼</u>不让<u>须眉</u>。

B. 初上凤皇墀，此镜照<u>蛾眉</u>。

C. 一群<u>红领巾</u>兴奋地向我们招手。

D. 杨小楼凭借其卓绝的武生艺术，被誉称为一代宗师、<u>泰斗</u>。

99. 下列哪一历史事件发生在中国废除科举制度之后？

A. 戊戌变法　B. 预备立宪　C. 洋务运动　D. 中日甲午战争

100. 最早借鉴科举制度选拔官员的西方国家是：

A. 德国　B. 法国　C. 英国　D. 匈牙利

第三部分　综合素质

本部分为情境判断题，共 50 题。

第 101—135 题，每组题目由情境及随后的若干条与情境相关的陈述构成。每条陈述都是对情境的一种反应，包括行为、判断、观点或感受等。请先阅读情境，然后根据你对情境的理解，判断你对每条陈述的认同程度，并在答题卡上填涂相应的字母，每个字母代表不同的认同程度。说明如下：

A	B	C	D	E
非常不认同	比较不认同	不确定	比较认同	非常认同

例题：

杨老师刚到悉尼的一家孔子学院工作，她的学生都是六七岁的小朋友。在同事的帮助和指导下，杨老师备好了前几堂课。第一次课的内容是向学生们介绍中国的国旗、国徽和国歌。当她在课上播放完《义勇军进行曲》之后，小朋友们都觉得这首歌非常“cool”和“powerful”，要求杨老师教他们唱，这让杨老师十分意外。

面对这种情况，如果你是杨老师，请你给出对下列陈述的认同程度：

1. 答应学生的要求会打乱自己的教学安排，而且作为新老师，开展事先没有准备的教学活动可能会力不从心。
2. 难得学生表现出了对课堂内容的强烈兴趣，应满足他们的要求，并利用这个机会，更深入地介绍中国的国旗、国徽和国歌。
3. 告诉学生之后的课会安排教唱中国国歌，课后向有经验的同事或者领导请教，听取他们的建议。
4. 给学生发放音频资料，让学生利用课余时间自行学习，这样既不打乱教学安排，又能满足他们的要求。

作答示例：若你对第 1 题的陈述比较不认同，则选择 B；若对第 2 题的陈述比较认同，则选择 D；若对第 3 题陈述非常不认同，则选择 A；若对第 4 题陈述的认同程度介于“比较不认同”和“比较认同”之间，则选择 C。各题之间互不影响。

第101—103题

陈老师负责一个国际班的阅读课。一天，她带领大家理解完《愚公移山》后，请大家展开讨论，目的是想引导学生体会愚公那种坚持不懈、永不放弃的精神。但Matt同学提出了自己的看法，认为如果是山挡住了人的去路，那么愚公应该带领大家搬家，而不是搬山，而且愚公也没有权力要求他的儿孙一代又一代地继续他这种“愚蠢”的行为。

面对这种情况，如果你是陈老师，请你给出对下列陈述的认同程度：

101. 应该意识到像“愚公移山”这样的故事，不同学生可能会有完全不同的理解，讨论环节很容易引起争论，今后应该避免设计这样的教学环节。
102. 肯定Matt的主见，欢迎大家各抒己见，最后也点出文章想传递的精神内涵。
103. 肯定Matt独立思考的做法，但也委婉地指出Matt的观点有误，并向全班讲解故事的实质。

第104—107题

在澳大利亚某孔子学院工作的孙老师，平时也负责成人初级汉语教学。班上的Chris基础好于其他学员，他越学越自信，但同时也越爱“显摆”。比如，他在与同学会话时，故意用高级词汇和句型，也对孙老师循序渐进的方法没有耐心，希望孙老师教他更高级的表达。有一次，孙老师讲到“但是”时，Chris告诉孙老师，他还知道“不过”，并让孙老师讲讲这两个的不同。孙老师告诉Chris，其他同学还没有学到“不过”，先不做辨析，但Chris立刻就很不满，甚至开始质疑孙老师的能力。

面对这种情况，如果你是孙老师，请你给出对下列陈述的认同程度：

104. 有必要安抚Chris的情绪，帮他辨析“但是”和“不过”，同时，别的同学也能借此学习。
105. 肯定Chris的能力和积极性，但也告诉他，课上暂不辨析，课下可以为他解答。
106. 提醒所有同学应认真听课，说明下课前会安排专门的提问时间，但上课期间不要提问打扰老师。
107. 课下和Chris谈谈，请他注意班级教学的整体安排和进度，要考虑同学们当前的语言水平。

第108—113题

> 何老师到西班牙任教，和当地同事关系一直比较融洽。这一年，快过生日时，何老师本希望能像她在国内常做的那样，邀请几个关系特别好的同事到家里简单聚聚，自己再做几个拿手菜，一起吃饭庆祝。但是，当同事们得知这是何老师的30岁生日，都坚持要她举办一个大型的生日派对，邀请更多的同事和朋友，一起高调狂欢庆祝。

面对这种情况，如果你是何老师，请你给出对下列陈述的认同程度：

108. 明确告诉同事，自己并不喜欢太吵闹的场合，坚持简简单单过生日，希望他们理解。
109. 和同事们商量，举办大型派对，但掌握一定的尺度。
110. 按同事们的建议办，免得影响关系，或者让同事觉得自己不近人情。

> 何老师在生日那天，一下班就急忙赶回家，终于在约定好的时间之前做了好几个拿手菜。可是约定时间都过了，何老师还是不见同事的踪影，最后又等了一个多小时，同事们才陆续到来。同事们给何老师带来了礼物，其中一个年轻同事Juana送给何老师一本漫画书，书中内容均是调侃“30岁”的段子。

面对这种情况，如果你是何老师，请你给出对下列陈述的认同程度：

111. 虽然西班牙当地的文化是晚于约定时间赴约，但同事应该意识到中西两国文化不同，他们姗姗来迟终究不妥。
112. 谢谢Juana准备的礼物，但私下告诉她，中国人和西班牙人的幽默方式不同，这样的书并不适合送给中国同事。
113. Juana送这本漫画，说明她没把自己当外人，这有利于建立起良好的同事关系。

第114—119题

> 刘老师在美国一所孔子学院担任中文教师。一次课上，刘老师为大家介绍了儒学中“三纲五常”等观点，但很多学生并不认同刘老师所讲的内容，认为这些观念都不仅“陈旧”，而且还“很荒谬”。

面对这种情况，如果你是刘老师，请你给出对下列陈述的认同程度：

114. 介绍中国的传统观念是中文教学的一部分，需要坚持，学生认不认同，是他们自己的事情。

115. 向学生解释自己这段介绍的目的，鼓励同学们在学汉语的同时，多了解中国文化、了解中国人，认同中国人的精神世界。

116. “三纲五常”的确脱离了时代，今后要避免向学生介绍这些过时的观念。

> 然而刘老师更没有想到，她向学生介绍“三纲五常”的做法引起了一些学生家长的不满。他们向学校投诉，认为刘老师是以中文课为名，向学生传播“儒教”。甚至还有家长要求学校取消中文课。

面对这种情况，如果你是刘老师，请你给出对下列陈述的认同程度：

117. 向学校和家长解释，侧重说明儒家思想并非宗教，所以自己不存在“传教”的情况。

118. 立刻向孔院有关负责人汇报，说明情况，请求指导。

119. 事不宜迟，立刻利用网络资源，查询家长为什么会有这样的想法，并向教学管理经验丰富的同事请教如何回应家长。

第120—122题

> 蒋老师在国内是一位深受学生、家长、同事、领导好评的高级教师。她工作的学校今年在选派老师去国外一个孔子学院任教之时，将这个光荣的任务交给了蒋老师。蒋老师也憋着一股劲儿，立志要把教学工作做好。她在赴任前积极了解赴任国的情况，并针对当地小学生的特点初步拟定了教学计划，还准备了丰富的教学和活动内容。然而等蒋老师到了当地学校，才发现自己需要做的工作并不像之前想的那样给孩子们教授中文，而是配合当地中文教师的教学，更多的是助教的角色，负责课堂管理、教具准备、作业批改、偶尔为缺课的同学补习等。现实与期望的巨大反差，让蒋老师很失落。

面对这种情况，如果你是蒋老师，请你给出对下列陈述的认同程度：

120. 接受现实，抛开之前“承担中文教学任务”的想法，专心完成现在的任务。

121. 与当地中文教师商量，表示希望做出更大的贡献，分担他的一部分课。

122. 向当地中文教师和学校相关负责人申请，在课外开设中文或中国文化俱乐部，作为学校中文课程的有效补充。

第 123—125 题

春节期间，在海外孔子学院工作的范老师特意向学校申请，把某节中文课安排到烹饪教室，因为这节课主要是介绍中国春节，她想让学生有机会品尝中国的饺子。范老师的申请得到了学校的批准。为了让这顿饺子“有质量”，范老师准备了很多肉馅儿饺子。这天课上的饺子品尝环节，范老师向大家介绍完这些各是什么馅儿的饺子，有几个学生表情非常尴尬。他们对视了片刻，有一个人说，他们不吃肉。

面对这种情况，如果你是范老师，请你给出对下列陈述的认同程度：

123. 承认自己忽略了“众口难调”的现象，并鼓励这几位同学尝试不同的口味。

124. 询问这几位同学不吃肉的原因，以便今后注意。

125. 承认自己之前没想到这几位同学的饮食习惯，向他们表示歉意。

第 126—131 题

郑老师在墨西哥一所中学从事汉语教学工作。学校里只有他和 Kelly 两位中文老师。Kelly 老师是墨西哥人，负责主讲。她对待工作非常认真负责，教学方面也有独到的见解，能经常设计出很有创意且有学习效果的课堂活动。但是，汉语并不是 Kelly 的母语。郑老师在跟她合作教学的过程中，常发现 Kelly 的汉语多少有些小问题，有时候还会出现明显的语法错误，并把错误的表达也教给了学生。

面对这种情况，如果你是郑老师，请你给出对下列陈述的认同程度：

126. 向 Kelly 指出她在用汉语授课中所出现的表达失误。

127. 向校方反映情况，认为 Kelly 的专业能力有欠缺，不能胜任教学工作。

128. 在学生做练习的时候，告诉他们，Kelly 老师哪些地方教得不对，再教给他们正确的内容。

有一次，学校组织了一场关于春节的文化活动，Kelly 老师准备了一份资料，请郑老师打印后发给学生。结果学生反馈资料里有错别字，郑老师因此受到了学校领导的严厉批评。

面对这种情况，如果你是郑老师，请你给出对下列陈述的认同程度：

129. 向领导澄清材料是 Kelly 老师准备的，自己不应该承担任何责任。

130. 既然材料要由自己发放给学生，在发放前就应该认真检查一遍，避免错误。

131. 跟本土教师合作既存在文化差异，又涉及教学理念问题，常常会出现各种问题和矛盾，得不偿失。

第 132—135 题

> 王老师是一位有着十多年教学经验的汉语教师，去年九月他被派到拉美国家一所大学的孔子学院工作。赴任以后，他发现国内积累的一些教学经验和方法没有多少用武之地。在工作中他遇到了很多问题，比如：给初级班上汉语课时不能用西班牙语，教学进度很慢，不能留太多作业等等。但是王老师非常喜欢汉语教学工作，经过一段时间的适应之后，他开始针对拉美国家的学生调整教学思路，设计多种教学活动和情境吸引学生参与。同时结合自己会西班牙语的优势，他组织了一些文化活动与当地社区居民沟通。王老师的教学活动开展得有声有色，深受学生喜爱。

面对这种情况，如果你是王老师，请你给出对下列陈述的认同程度：

132. 为了培养学生的汉语思维，无论是初级还是高级汉语课堂都必须严禁使用汉语进行教学。
133. 汉语教学应该有一定的灵活性，尽量符合当地教学习惯和学生学习特点。
134. 教学遇到困难时，更多地应该向国内的专家或者同事请教，交流经验。
135. 语言教学与文化教学密不可分，应该把全部中国文化都介绍到国外去。

第 136—150 题，每题由一个情境和四个与情境相关的陈述构成，每个陈述都是对这个情境的一种反应，包括行为、判断、观点或感受等。请先阅读情境，然后根据你对情境的理解，从 ABCD 四个陈述中选出你认为在此情境下最为合适的反应。

例题：

> 李敏在日本一所学校教汉语，刚到日本时，她选择与一位日本同事合租公寓。日本对垃圾分类有严格的要求，虽然李敏很注意垃圾的分类，但由于之前并没有这方面的经验，所以还是经常弄错，甚至导致邻居投诉，室友也多次因此事指责她，言语之间甚至认为李敏没有素质。

根据上述情境，如果你是李敏，请你给出最为合适的选择：

A. 无需多解释，自己努力学习如何处理垃圾，在不与室友和邻居发生冲突的情况下解决问题。

B. 主动向室友和邻居道歉，说明原委，并向室友寻求帮助，向她学习垃圾分类的方法。

C. 鉴于和室友以及邻居目前的关系不太好，还是尽快找中国同事合住，以便度过适应期。

D. 被室友和邻居误解太没面子了，须尽快从中国同事那里学习垃圾分类的技巧。

答案：B

第 136 题

> 马老师赴海外任教前，当地学校为他承租了一户民宿。马老师到任并搬进这户民宿之后发现，房东明确规定房客不能使用他们的厨房。房客要么另外付钱与房东同吃，要么自己买熟食或者点外卖。这让习惯自己做饭的马老师感觉非常别扭。

面对这种情况，如果你是马老师，请你给出最为合适的选择：

A. 先试着适应一段时间，调整自己的饮食习惯，如果仍然无法适应，向学校申请，商量如何重新安排住宿。

B. 向学校说明情况，说明这种意外情况必然会影响自己的生活和工作，请学校尽早重新安排住宿。

C. 自己另找合适的房源，落实之后，再从这户民宿搬过去。

D. 向房东提出，今后自己愿意承担做饭的工作，这样就能满足大家的饮食需求。

第 137 题

> 韩老师在国外一所中学任教，之前与她配合的一位老师在教学、管理和为人师表方面，确实有不少值得商榷的地方。韩老师和他的合作不是很愉快，他也不太受学生欢迎。在上学年结束后，他便离开了学校。新学年开始后，很多同学见到韩老师，都表示他们不喜欢之前的那位当地老师，并一个劲儿地追问韩老师："你是不是也不喜欢他？"

面对这种情况，如果你是韩老师，请你给出最为合适的选择：

A. 实话实说，承认二人的合作确实有过问题，学生们的普遍观点有合理之处。

B. 隐藏自己的真实想法，说明自己非常尊重和喜欢那位老师。

C. 找到一些理由回避学生的问题。

D. 对此不作主观评价，向学生们解释那位老师工作中的可取之处。

第 138 题

外派教师小雷很注重平时与当地同事建立良好的关系。有一次，一位叫 Frank 的同事在办公室有些无精打采，小雷问 Frank 怎么了，Frank 解释说自己受凉感冒了。小雷关切地告诉 Frank，一定要多穿衣服，多喝热水，并且还说自己从国内带了感冒药，可以给他一些。但令小雷郁闷的是，Frank 非但不领情，还反叫小雷“别管闲事”。

面对这种情况，如果你是小雷，请你给出最为合适的选择：

A. 不接受 Frank 这种粗暴的回应，不能莫名吃哑巴亏，并和他把问题说清楚。

B. 知道 Frank 不近人情，所以没必要和他纠缠，今后对他敬而远之。

C. 说明自己这么做的原因，争取赢得 Frank 的理解。

D. 向学校领导汇报此事，请领导帮助协调解决，理顺同事关系。

第 139 题

小朱刚被派往英国工作。英国人在参加各种活动，比如做客、聚会，甚至去酒吧的时候，除了精心着装以外，女士们无论年龄，都还会仔细化妆。小朱在国内习惯素颜，在英国和同事、朋友们外出时，也是如此。久而久之，有人觉得她不讲究，或者对大家不重视，小朱也多少了解到了别人的这些看法。

面对这种情况，如果你是小朱，请你给出最为合适的选择：

A. 坚持自己的习惯，对别人的议论，可以装作没听见，更不作争论。

B. 入乡随俗，学习当地人的着装习惯，开始化妆，改变形象。

C. 了解一些化妆的技巧，按自己的特点，适时“略施胭脂”。

D. 向同事解释化妆品可能有潜在的危害，健康生活才是根本。

第 140 题

冯老师班上有一名自尊心很强的学生 Gary。有一次课上，冯老师请 Gary 根据刚学的句型造一个句子。Gary 试了几次，都不正确，因此显得有些局促不安。

面对这种情况，如果你是冯老师，请你给出最为合适的选择：

A. 继续等待，直到 Gary 自己说出正确的句子，让他收获成就感。

B. 请 Gary 暂时坐下，免得耽误全班进度，但告诉他，想起答案的时候，可以随时补充回答。

C. 请另一名同学帮 Gary 造一个句子，再请 Gary 仿造。

D. 追问 Gary 一些提示性的问题，以此引导他说出一个正确的句子。

第 141 题

> 陈老师在英国一所中学任教。学校九年级的一节地理课正好有一部分关于中国东滩生态城的内容，因此地理老师希望陈老师能去她的班上，为学生讲授这部分内容，她觉得，中国老师讲授中国题材一定会更加精彩。遗憾的是，陈老师自己对东滩生态城完全不了解。

面对这种情况，如果你是陈老师，请你给出最为合适的选择：

A. 从网上查资料，“恶补”这方面的知识。

B. 实话实说，表示自己完全不了解，但如果今后有自己了解的话题，非常愿意参与。

C. 告诉地理老师自己的实际情况，但表示仍然乐意在这节课上帮忙，看她有什么建议。

D. 告诉地理老师，那个时间自己有别的工作需要完成，无法去她的班级，并请她谅解。

第 142 题

> 肖老师在芬兰某孔子课堂任教。八年级的一堂汉语课正进行“职业”这一话题的教学，肖老师在讲解完生词和句型后，安排了学生之间互相采访的课堂活动，大家可以离开座位，采访自己的同学今后想从事什么职业。但肖老师发现，这个活动结束后，课堂气氛活跃到同学们很难再平静下来学习之后的内容。

面对这种情况，如果你是肖老师，请你给出最为合适的选择：

A. 提高音量，提醒学生后面还有同样重要的内容，让他们尽快安静下来，再进行之后的教学。

B. 让学生继续采访刚才没有采访到的同学，直至本节课结束。

C. 改变教学计划，果断取消之后的内容，让全班复习巩固生词和句型。

D. 增加让学生公布采访结果的环节，让他们从前一个活动过渡到下面的内容。

第 143 题

> 小孟在美国一所孔子课堂任教，当地有很多外来移民。新学年开始时，小孟接手一个新班级，第一节课前几分钟，小孟打开学校电脑里的点名系统，发现很多同学的名字都不像常见的英文名，还有好多陌生的拼写，她都不知道该怎么念。

面对这种情况，如果你是小孟，请你给出最为合适的选择：

A. 上课时，请一名学生帮忙在电脑上操作点名。

B. 不必担心，因为学生已经在美国生活，完全可以按英语规则拼读这些姓名。

C. 告诉学生，如果自己念错了他们的名字，请谅解并纠正自己。

D. 趁第一节课，为学生取中文名，创造汉语氛围，也避免念错学生本名的情况。

第 144 题

> 乔老师汉语班上的学生来自一些不同的国家。一次课堂活动中，几个母语相同的同学自由结合成一组，但不久就开始用母语沟通活动内容，最后还用母语说说笑笑。

面对这种情况，如果你是乔老师，请你给出最为合适的选择：

A. 加入到他们当中，和他们稍作互动。

B. 将他们分散到其他小组当中，使他们只得用汉语跟其他同学交流。

C. 暂停活动，对全班提醒“活动中必须使用汉语”的规定。

D. 用眼神示意，让他们明白这样做不合适。

第 145 题

> 刘老师初到国外一所大学任教。他的课上不时有学生掏出手机查看，还有人边看边笑，影响了教学。刘老师询问起原因，有的学生说是在查字典，有的说是在找资料。

面对这种情况，如果你是刘老师，请你给出最为合适的选择：

A. 严格要求自己和学生，规定师生在课堂上都禁止使用手机，保证教学效果。

B. 只允许使用手机查字典、资料，且要有其他同学证明。

C. 不干涉，因为学生都是成年人，他们应该为自己的行为负责。

D. 和全班一起制定规则，规定允许和不允许使用手机的情况。

第 146 题

梁老师在意大利一个小镇的中学任教。他最近准备了“方位与城市”这堂课，内容都是基于首都罗马，这样方便大家理解。但是他在上这堂课前两天，无意中了解到，班上很多学生其实并没有去过罗马，他所准备的内容可能对这部分学生来说仍然比较陌生。

面对这种情况，如果你是梁老师，请你给出最为合适的选择：

A. 尽量调整教学内容，这堂课不再以罗马为例，而是基于学生们所在的小镇。

B. 不对已有内容作大改动，就通过这堂课介绍罗马。

C. 调整部分教学内容，让学生学会用中文对比罗马和他们所在的小镇。

D. 作为汉语老师，最好以北京为例来安排“方位与城市”这堂课。

第 147 题

小李去美国教一个成人班汉语课。在第一堂课上，小李自我介绍说：“大家好！我是你们的汉语教师。本人才疏学浅，以后还请大家多多指教。”结果刚说到这里，坐在下面的学生就炸锅了，开始议论起来。他们认为小李既然知道自己“才疏学浅”，就不应该来教书，至少要提高能力以后再来，面对这种情况，小李哭笑不得。

面对这种情况，如果你是小李，请你给出最为合适的选择：

A. 等学生们安静下来以后，再继续按准备的内容介绍自己。

B. 向同学们解释，谦虚是中国人的传统美德，请大家理解。

C. 批评学生没有礼貌，告诉他们嘲笑老师是不礼貌的行为。

D. 及时调整内容，改用比较自信的方式向学生们介绍自己。

第 148 题

小张在海外一所孔子学院从事汉语教学工作。这是她第一次离开父母自己生活，又没有什么朋友，所以她觉得非常孤独。再加上工作压力与文化差异，让她不堪重负，甚至产生了提前回国的念头。

面对这种情况，如果你是小张，请你给出最为合适的选择：

A. 这只是个人感受，不会影响工作和学生。

B. 老师也是人，出现这样的情况很正常，大哭可以释放压力。

C. 如果实在受不了，申请回国也未尝不是解决办法。

D. 自己这样的状态对自己和工作都不太好，应反思。

第149题

> 宋丽在柬埔寨一所小学教汉语。班上有个孩子总是不完成作业，在多次跟他谈话无效后，宋丽联系了他的家长，希望家长能够配合老师，督促学生完成作业，帮助学生提高汉语水平。但没想到的是，对于孩子不写作业这件事，家长很不以为然。

面对这种情况，如果你是宋丽，请你给出最为合适的选择：

A. 东南亚国家的人自由散漫惯了，不管是学生还是家长都那样。
B. 耐心地跟家长说明详细情况，尽一切努力争取他们的支持。
C. 既然家长都不在意，作为中文老师，我也不用太在意这件事。
D. 这件事情非常严重，应该及时向校方反映，请他们协助处理。

第150题

> 孙老师在德国从事汉语教学。他教的是一个成人兴趣班，学生的年龄差距较大。其中有一位八十多的老奶奶也跟着孙老师学汉语。孙老师非常感动，所以经常在课堂上照顾这位老人，比如经常请她回答问题等等，这让其他同学觉得很不公平，而这位老奶奶似乎也不太“领情”。

面对这种情况，如果你是孙老师，请你给出最为合适的选择：

A. 一视同仁，在课堂上公平对待每位学生非常重要。
B. 老奶奶受到特殊照顾，却不领情，不太礼貌。
C. 老奶奶可能会因为自己“被弱势化”而生气。
D. 班上的其他同学应该理解自己的苦心，跟他一起尊老。

《国际汉语教师证书》考试仿真预测试卷答题卡

姓　名	
中文姓名	

序号		
		[0] [1] [2] [3] [4] [5] [6] [7] [8] [9]
		[0] [1] [2] [3] [4] [5] [6] [7] [8] [9]
		[0] [1] [2] [3] [4] [5] [6] [7] [8] [9]
		[0] [1] [2] [3] [4] [5] [6] [7] [8] [9]
		[0] [1] [2] [3] [4] [5] [6] [7] [8] [9]

考点代码		
		[0] [1] [2] [3] [4] [5] [6] [7] [8] [9]
		[0] [1] [2] [3] [4] [5] [6] [7] [8] [9]
		[0] [1] [2] [3] [4] [5] [6] [7] [8] [9]
		[0] [1] [2] [3] [4] [5] [6] [7] [8] [9]
		[0] [1] [2] [3] [4] [5] [6] [7] [8] [9]
		[0] [1] [2] [3] [4] [5] [6] [7] [8] [9]
		[0] [1] [2] [3] [4] [5] [6] [7] [8] [9]
国籍	中国	
		[0] [1] [2] [3] [4] [5] [6] [7] [8] [9]
		[0] [1] [2] [3] [4] [5] [6] [7] [8] [9]
		[0] [1] [2] [3] [4] [5] [6] [7] [8] [9]
性别	男[1]　女[2]	
年龄		[0] [1] [2] [3] [4] [5] [6] [7] [8] [9]
		[0] [1] [2] [3] [4] [5] [6] [7] [8] [9]

注意　请用2B铅笔这样写：▬

1. [A] [B] [C] [D] [E] [F] [G]
2. [A] [B] [C] [D] [E] [F] [G]
3. [A] [B] [C] [D] [E] [F] [G]
4. [A] [B] [C] [D] [E] [F] [G]
5. [A] [B] [C] [D] [E] [F] [G]
6. [A] [B] [C] [D] [E] [F] [G]
7. [A] [B] [C] [D] [E] [F] [G]
8. [A] [B] [C] [D] [E] [F] [G]
9. [A] [B] [C] [D] [E] [F] [G]
10. [A] [B] [C] [D] [E] [F] [G]
11. [A] [B] [C] [D] [E] [F] [G]
12. [A] [B] [C] [D] [E] [F] [G]
13. [A] [B] [C] [D] [E] [F] [G]
14. [A] [B] [C] [D] [E] [F] [G]
15. [A] [B] [C] [D] [E] [F] [G]
16. [A] [B] [C] [D] [E] [F] [G]
17. [A] [B] [C] [D] [E] [F] [G]
18. [A] [B] [C] [D] [E] [F] [G]
19. [A] [B] [C] [D] [E] [F] [G]
20. [A] [B] [C] [D] [E] [F] [G]
21. [A] [B] [C] [D] [E] [F] [G]
22. [A] [B] [C] [D] [E] [F] [G]
23. [A] [B] [C] [D] [E] [F] [G]
24. [A] [B] [C] [D] [E] [F] [G]
25. [A] [B] [C] [D] [E] [F] [G]
26. [A] [B] [C] [D] [E] [F] [G]
27. [A] [B] [C] [D] [E] [F] [G]
28. [A] [B] [C] [D] [E] [F] [G]
29. [A] [B] [C] [D] [E] [F] [G]
30. [A] [B] [C] [D] [E] [F] [G]
31. [A] [B] [C] [D] [E] [F] [G]
32. [A] [B] [C] [D] [E] [F] [G]
33. [A] [B] [C] [D] [E] [F] [G]
34. [A] [B] [C] [D] [E] [F] [G]
35. [A] [B] [C] [D] [E] [F] [G]
36. [A] [B] [C] [D] [E] [F] [G]
37. [A] [B] [C] [D] [E] [F] [G]
38. [A] [B] [C] [D] [E] [F] [G]
39. [A] [B] [C] [D] [E] [F] [G]
40. [A] [B] [C] [D] [E] [F] [G]
41. [A] [B] [C] [D] [E] [F] [G]
42. [A] [B] [C] [D] [E] [F] [G]
43. [A] [B] [C] [D] [E] [F] [G]
44. [A] [B] [C] [D] [E] [F] [G]
45. [A] [B] [C] [D] [E] [F] [G]
46. [A] [B] [C] [D] [E] [F] [G]
47. [A] [B] [C] [D] [E] [F] [G]
48. [A] [B] [C] [D] [E] [F] [G]
49. [A] [B] [C] [D] [E] [F] [G]
50. [A] [B] [C] [D] [E] [F] [G]
51. [A] [B] [C] [D] [E] [F] [G]
52. [A] [B] [C] [D] [E] [F] [G]
53. [A] [B] [C] [D] [E] [F] [G]
54. [A] [B] [C] [D] [E] [F] [G]
55. [A] [B] [C] [D] [E] [F] [G]
56. [A] [B] [C] [D] [E] [F] [G]
57. [A] [B] [C] [D] [E] [F] [G]
58. [A] [B] [C] [D] [E] [F] [G]
59. [A] [B] [C] [D] [E] [F] [G]
60. [A] [B] [C] [D] [E] [F] [G]

说明：

1. 本卡为模拟机读卡，仅作为考生填涂练习及方便模拟考试阅卷之用，不可机读。
2. 卡中所列项目及格式与真实考试答题卡略有不同。

61. [A] [B] [C] [D] [E] [F] [G]　66. [A] [B] [C] [D] [E] [F] [G]　71. [A] [B] [C] [D] [E] [F] [G]
62. [A] [B] [C] [D] [E] [F] [G]　67. [A] [B] [C] [D] [E] [F] [G]　72. [A] [B] [C] [D] [E] [F] [G]
63. [A] [B] [C] [D] [E] [F] [G]　68. [A] [B] [C] [D] [E] [F] [G]　73. [A] [B] [C] [D] [E] [F] [G]
64. [A] [B] [C] [D] [E] [F] [G]　69. [A] [B] [C] [D] [E] [F] [G]　74. [A] [B] [C] [D] [E] [F] [G]
65. [A] [B] [C] [D] [E] [F] [G]　70. [A] [B] [C] [D] [E] [F] [G]　75. [A] [B] [C] [D] [E] [F] [G]

76. [A] [B] [C] [D] [E] [F] [G]　81. [A] [B] [C] [D] [E] [F] [G]　86. [A] [B] [C] [D] [E] [F] [G]
77. [A] [B] [C] [D] [E] [F] [G]　82. [A] [B] [C] [D] [E] [F] [G]　87. [A] [B] [C] [D] [E] [F] [G]
78. [A] [B] [C] [D] [E] [F] [G]　83. [A] [B] [C] [D] [E] [F] [G]　88. [A] [B] [C] [D] [E] [F] [G]
79. [A] [B] [C] [D] [E] [F] [G]　84. [A] [B] [C] [D] [E] [F] [G]　89. [A] [B] [C] [D] [E] [F] [G]
80. [A] [B] [C] [D] [E] [F] [G]　85. [A] [B] [C] [D] [E] [F] [G]　90. [A] [B] [C] [D] [E] [F] [G]

91. [A] [B] [C] [D] [E] [F] [G]　96. [A] [B] [C] [D] [E] [F] [G]　101. [A] [B] [C] [D] [E] [F] [G]
92. [A] [B] [C] [D] [E] [F] [G]　97. [A] [B] [C] [D] [E] [F] [G]　102. [A] [B] [C] [D] [E] [F] [G]
93. [A] [B] [C] [D] [E] [F] [G]　98. [A] [B] [C] [D] [E] [F] [G]　103. [A] [B] [C] [D] [E] [F] [G]
94. [A] [B] [C] [D] [E] [F] [G]　99. [A] [B] [C] [D] [E] [F] [G]　104. [A] [B] [C] [D] [E] [F] [G]
95. [A] [B] [C] [D] [E] [F] [G]　100. [A] [B] [C] [D] [E] [F] [G]　105. [A] [B] [C] [D] [E] [F] [G]

106. [A] [B] [C] [D] [E] [F] [G]　111. [A] [B] [C] [D] [E] [F] [G]　116. [A] [B] [C] [D] [E] [F] [G]
107. [A] [B] [C] [D] [E] [F] [G]　112. [A] [B] [C] [D] [E] [F] [G]　117. [A] [B] [C] [D] [E] [F] [G]
108. [A] [B] [C] [D] [E] [F] [G]　113. [A] [B] [C] [D] [E] [F] [G]　118. [A] [B] [C] [D] [E] [F] [G]
109. [A] [B] [C] [D] [E] [F] [G]　114. [A] [B] [C] [D] [E] [F] [G]　119. [A] [B] [C] [D] [E] [F] [G]
110. [A] [B] [C] [D] [E] [F] [G]　115. [A] [B] [C] [D] [E] [F] [G]　120. [A] [B] [C] [D] [E] [F] [G]

121. [A] [B] [C] [D] [E] [F] [G]　126. [A] [B] [C] [D] [E] [F] [G]　131. [A] [B] [C] [D] [E] [F] [G]
122. [A] [B] [C] [D] [E] [F] [G]　127. [A] [B] [C] [D] [E] [F] [G]　132. [A] [B] [C] [D] [E] [F] [G]
123. [A] [B] [C] [D] [E] [F] [G]　128. [A] [B] [C] [D] [E] [F] [G]　133. [A] [B] [C] [D] [E] [F] [G]
124. [A] [B] [C] [D] [E] [F] [G]　129. [A] [B] [C] [D] [E] [F] [G]　134. [A] [B] [C] [D] [E] [F] [G]
125. [A] [B] [C] [D] [E] [F] [G]　130. [A] [B] [C] [D] [E] [F] [G]　135. [A] [B] [C] [D] [E] [F] [G]

136. [A] [B] [C] [D] [E] [F] [G]　141. [A] [B] [C] [D] [E] [F] [G]　146. [A] [B] [C] [D] [E] [F] [G]
137. [A] [B] [C] [D] [E] [F] [G]　142. [A] [B] [C] [D] [E] [F] [G]　147. [A] [B] [C] [D] [E] [F] [G]
138. [A] [B] [C] [D] [E] [F] [G]　143. [A] [B] [C] [D] [E] [F] [G]　148. [A] [B] [C] [D] [E] [F] [G]
139. [A] [B] [C] [D] [E] [F] [G]　144. [A] [B] [C] [D] [E] [F] [G]　149. [A] [B] [C] [D] [E] [F] [G]
140. [A] [B] [C] [D] [E] [F] [G]　145. [A] [B] [C] [D] [E] [F] [G]　150. [A] [B] [C] [D] [E] [F] [G]

《国际汉语教师证书》考试仿真预测试卷答题卡

姓　　名	
中文姓名	

序号		
		[0] [1] [2] [3] [4] [5] [6] [7] [8] [9]
		[0] [1] [2] [3] [4] [5] [6] [7] [8] [9]
		[0] [1] [2] [3] [4] [5] [6] [7] [8] [9]
		[0] [1] [2] [3] [4] [5] [6] [7] [8] [9]
		[0] [1] [2] [3] [4] [5] [6] [7] [8] [9]

考点代码		
		[0] [1] [2] [3] [4] [5] [6] [7] [8] [9]
		[0] [1] [2] [3] [4] [5] [6] [7] [8] [9]
		[0] [1] [2] [3] [4] [5] [6] [7] [8] [9]
		[0] [1] [2] [3] [4] [5] [6] [7] [8] [9]
		[0] [1] [2] [3] [4] [5] [6] [7] [8] [9]
		[0] [1] [2] [3] [4] [5] [6] [7] [8] [9]
		[0] [1] [2] [3] [4] [5] [6] [7] [8] [9]
国籍	中国	
		[0] [1] [2] [3] [4] [5] [6] [7] [8] [9]
		[0] [1] [2] [3] [4] [5] [6] [7] [8] [9]
		[0] [1] [2] [3] [4] [5] [6] [7] [8] [9]
性别	男[1]　女[2]	
年龄		[0] [1] [2] [3] [4] [5] [6] [7] [8] [9]
		[0] [1] [2] [3] [4] [5] [6] [7] [8] [9]

注意　请用2B铅笔这样写：■

1. [A] [B] [C] [D] [E] [F] [G]
2. [A] [B] [C] [D] [E] [F] [G]
3. [A] [B] [C] [D] [E] [F] [G]
4. [A] [B] [C] [D] [E] [F] [G]
5. [A] [B] [C] [D] [E] [F] [G]
6. [A] [B] [C] [D] [E] [F] [G]
7. [A] [B] [C] [D] [E] [F] [G]
8. [A] [B] [C] [D] [E] [F] [G]
9. [A] [B] [C] [D] [E] [F] [G]
10. [A] [B] [C] [D] [E] [F] [G]
11. [A] [B] [C] [D] [E] [F] [G]
12. [A] [B] [C] [D] [E] [F] [G]
13. [A] [B] [C] [D] [E] [F] [G]
14. [A] [B] [C] [D] [E] [F] [G]
15. [A] [B] [C] [D] [E] [F] [G]
16. [A] [B] [C] [D] [E] [F] [G]
17. [A] [B] [C] [D] [E] [F] [G]
18. [A] [B] [C] [D] [E] [F] [G]
19. [A] [B] [C] [D] [E] [F] [G]
20. [A] [B] [C] [D] [E] [F] [G]
21. [A] [B] [C] [D] [E] [F] [G]
22. [A] [B] [C] [D] [E] [F] [G]
23. [A] [B] [C] [D] [E] [F] [G]
24. [A] [B] [C] [D] [E] [F] [G]
25. [A] [B] [C] [D] [E] [F] [G]
26. [A] [B] [C] [D] [E] [F] [G]
27. [A] [B] [C] [D] [E] [F] [G]
28. [A] [B] [C] [D] [E] [F] [G]
29. [A] [B] [C] [D] [E] [F] [G]
30. [A] [B] [C] [D] [E] [F] [G]
31. [A] [B] [C] [D] [E] [F] [G]
32. [A] [B] [C] [D] [E] [F] [G]
33. [A] [B] [C] [D] [E] [F] [G]
34. [A] [B] [C] [D] [E] [F] [G]
35. [A] [B] [C] [D] [E] [F] [G]
36. [A] [B] [C] [D] [E] [F] [G]
37. [A] [B] [C] [D] [E] [F] [G]
38. [A] [B] [C] [D] [E] [F] [G]
39. [A] [B] [C] [D] [E] [F] [G]
40. [A] [B] [C] [D] [E] [F] [G]
41. [A] [B] [C] [D] [E] [F] [G]
42. [A] [B] [C] [D] [E] [F] [G]
43. [A] [B] [C] [D] [E] [F] [G]
44. [A] [B] [C] [D] [E] [F] [G]
45. [A] [B] [C] [D] [E] [F] [G]
46. [A] [B] [C] [D] [E] [F] [G]
47. [A] [B] [C] [D] [E] [F] [G]
48. [A] [B] [C] [D] [E] [F] [G]
49. [A] [B] [C] [D] [E] [F] [G]
50. [A] [B] [C] [D] [E] [F] [G]
51. [A] [B] [C] [D] [E] [F] [G]
52. [A] [B] [C] [D] [E] [F] [G]
53. [A] [B] [C] [D] [E] [F] [G]
54. [A] [B] [C] [D] [E] [F] [G]
55. [A] [B] [C] [D] [E] [F] [G]
56. [A] [B] [C] [D] [E] [F] [G]
57. [A] [B] [C] [D] [E] [F] [G]
58. [A] [B] [C] [D] [E] [F] [G]
59. [A] [B] [C] [D] [E] [F] [G]
60. [A] [B] [C] [D] [E] [F] [G]

说明：

1. 本卡为模拟机读卡，仅作为考生填涂练习及方便模拟考试阅卷之用，不可机读。
2. 卡中所列项目及格式与真实考试答题卡略有不同。

61. [A] [B] [C] [D] [E] [F] [G]
62. [A] [B] [C] [D] [E] [F] [G]
63. [A] [B] [C] [D] [E] [F] [G]
64. [A] [B] [C] [D] [E] [F] [G]
65. [A] [B] [C] [D] [E] [F] [G]

66. [A] [B] [C] [D] [E] [F] [G]
67. [A] [B] [C] [D] [E] [F] [G]
68. [A] [B] [C] [D] [E] [F] [G]
69. [A] [B] [C] [D] [E] [F] [G]
70. [A] [B] [C] [D] [E] [F] [G]

71. [A] [B] [C] [D] [E] [F] [G]
72. [A] [B] [C] [D] [E] [F] [G]
73. [A] [B] [C] [D] [E] [F] [G]
74. [A] [B] [C] [D] [E] [F] [G]
75. [A] [B] [C] [D] [E] [F] [G]

76. [A] [B] [C] [D] [E] [F] [G]
77. [A] [B] [C] [D] [E] [F] [G]
78. [A] [B] [C] [D] [E] [F] [G]
79. [A] [B] [C] [D] [E] [F] [G]
80. [A] [B] [C] [D] [E] [F] [G]

81. [A] [B] [C] [D] [E] [F] [G]
82. [A] [B] [C] [D] [E] [F] [G]
83. [A] [B] [C] [D] [E] [F] [G]
84. [A] [B] [C] [D] [E] [F] [G]
85. [A] [B] [C] [D] [E] [F] [G]

86. [A] [B] [C] [D] [E] [F] [G]
87. [A] [B] [C] [D] [E] [F] [G]
88. [A] [B] [C] [D] [E] [F] [G]
89. [A] [B] [C] [D] [E] [F] [G]
90. [A] [B] [C] [D] [E] [F] [G]

91. [A] [B] [C] [D] [E] [F] [G]
92. [A] [B] [C] [D] [E] [F] [G]
93. [A] [B] [C] [D] [E] [F] [G]
94. [A] [B] [C] [D] [E] [F] [G]
95. [A] [B] [C] [D] [E] [F] [G]

96. [A] [B] [C] [D] [E] [F] [G]
97. [A] [B] [C] [D] [E] [F] [G]
98. [A] [B] [C] [D] [E] [F] [G]
99. [A] [B] [C] [D] [E] [F] [G]
100. [A] [B] [C] [D] [E] [F] [G]

101. [A] [B] [C] [D] [E] [F] [G]
102. [A] [B] [C] [D] [E] [F] [G]
103. [A] [B] [C] [D] [E] [F] [G]
104. [A] [B] [C] [D] [E] [F] [G]
105. [A] [B] [C] [D] [E] [F] [G]

106. [A] [B] [C] [D] [E] [F] [G]
107. [A] [B] [C] [D] [E] [F] [G]
108. [A] [B] [C] [D] [E] [F] [G]
109. [A] [B] [C] [D] [E] [F] [G]
110. [A] [B] [C] [D] [E] [F] [G]

111. [A] [B] [C] [D] [E] [F] [G]
112. [A] [B] [C] [D] [E] [F] [G]
113. [A] [B] [C] [D] [E] [F] [G]
114. [A] [B] [C] [D] [E] [F] [G]
115. [A] [B] [C] [D] [E] [F] [G]

116. [A] [B] [C] [D] [E] [F] [G]
117. [A] [B] [C] [D] [E] [F] [G]
118. [A] [B] [C] [D] [E] [F] [G]
119. [A] [B] [C] [D] [E] [F] [G]
120. [A] [B] [C] [D] [E] [F] [G]

121. [A] [B] [C] [D] [E] [F] [G]
122. [A] [B] [C] [D] [E] [F] [G]
123. [A] [B] [C] [D] [E] [F] [G]
124. [A] [B] [C] [D] [E] [F] [G]
125. [A] [B] [C] [D] [E] [F] [G]

126. [A] [B] [C] [D] [E] [F] [G]
127. [A] [B] [C] [D] [E] [F] [G]
128. [A] [B] [C] [D] [E] [F] [G]
129. [A] [B] [C] [D] [E] [F] [G]
130. [A] [B] [C] [D] [E] [F] [G]

131. [A] [B] [C] [D] [E] [F] [G]
132. [A] [B] [C] [D] [E] [F] [G]
133. [A] [B] [C] [D] [E] [F] [G]
134. [A] [B] [C] [D] [E] [F] [G]
135. [A] [B] [C] [D] [E] [F] [G]

136. [A] [B] [C] [D] [E] [F] [G]
137. [A] [B] [C] [D] [E] [F] [G]
138. [A] [B] [C] [D] [E] [F] [G]
139. [A] [B] [C] [D] [E] [F] [G]
140. [A] [B] [C] [D] [E] [F] [G]

141. [A] [B] [C] [D] [E] [F] [G]
142. [A] [B] [C] [D] [E] [F] [G]
143. [A] [B] [C] [D] [E] [F] [G]
144. [A] [B] [C] [D] [E] [F] [G]
145. [A] [B] [C] [D] [E] [F] [G]

146. [A] [B] [C] [D] [E] [F] [G]
147. [A] [B] [C] [D] [E] [F] [G]
148. [A] [B] [C] [D] [E] [F] [G]
149. [A] [B] [C] [D] [E] [F] [G]
150. [A] [B] [C] [D] [E] [F] [G]

《国际汉语教师证书》考试仿真预测试卷答题卡

姓　　名	
中文姓名	

序号		
		[0] [1] [2] [3] [4] [5] [6] [7] [8] [9]
		[0] [1] [2] [3] [4] [5] [6] [7] [8] [9]
		[0] [1] [2] [3] [4] [5] [6] [7] [8] [9]
		[0] [1] [2] [3] [4] [5] [6] [7] [8] [9]
		[0] [1] [2] [3] [4] [5] [6] [7] [8] [9]

考点代码		
		[0] [1] [2] [3] [4] [5] [6] [7] [8] [9]
		[0] [1] [2] [3] [4] [5] [6] [7] [8] [9]
		[0] [1] [2] [3] [4] [5] [6] [7] [8] [9]
		[0] [1] [2] [3] [4] [5] [6] [7] [8] [9]
		[0] [1] [2] [3] [4] [5] [6] [7] [8] [9]
		[0] [1] [2] [3] [4] [5] [6] [7] [8] [9]
		[0] [1] [2] [3] [4] [5] [6] [7] [8] [9]
国籍	中国	
		[0] [1] [2] [3] [4] [5] [6] [7] [8] [9]
		[0] [1] [2] [3] [4] [5] [6] [7] [8] [9]
		[0] [1] [2] [3] [4] [5] [6] [7] [8] [9]
性别	男[1]	女[2]
年龄		[0] [1] [2] [3] [4] [5] [6] [7] [8] [9]
		[0] [1] [2] [3] [4] [5] [6] [7] [8] [9]

注意　请用2B铅笔这样写：■

1. [A] [B] [C] [D] [E] [F] [G]	6. [A] [B] [C] [D] [E] [F] [G]	11. [A] [B] [C] [D] [E] [F] [G]
2. [A] [B] [C] [D] [E] [F] [G]	7. [A] [B] [C] [D] [E] [F] [G]	12. [A] [B] [C] [D] [E] [F] [G]
3. [A] [B] [C] [D] [E] [F] [G]	8. [A] [B] [C] [D] [E] [F] [G]	13. [A] [B] [C] [D] [E] [F] [G]
4. [A] [B] [C] [D] [E] [F] [G]	9. [A] [B] [C] [D] [E] [F] [G]	14. [A] [B] [C] [D] [E] [F] [G]
5. [A] [B] [C] [D] [E] [F] [G]	10. [A] [B] [C] [D] [E] [F] [G]	15. [A] [B] [C] [D] [E] [F] [G]
16. [A] [B] [C] [D] [E] [F] [G]	21. [A] [B] [C] [D] [E] [F] [G]	26. [A] [B] [C] [D] [E] [F] [G]
17. [A] [B] [C] [D] [E] [F] [G]	22. [A] [B] [C] [D] [E] [F] [G]	27. [A] [B] [C] [D] [E] [F] [G]
18. [A] [B] [C] [D] [E] [F] [G]	23. [A] [B] [C] [D] [E] [F] [G]	28. [A] [B] [C] [D] [E] [F] [G]
19. [A] [B] [C] [D] [E] [F] [G]	24. [A] [B] [C] [D] [E] [F] [G]	29. [A] [B] [C] [D] [E] [F] [G]
20. [A] [B] [C] [D] [E] [F] [G]	25. [A] [B] [C] [D] [E] [F] [G]	30. [A] [B] [C] [D] [E] [F] [G]
31. [A] [B] [C] [D] [E] [F] [G]	36. [A] [B] [C] [D] [E] [F] [G]	41. [A] [B] [C] [D] [E] [F] [G]
32. [A] [B] [C] [D] [E] [F] [G]	37. [A] [B] [C] [D] [E] [F] [G]	42. [A] [B] [C] [D] [E] [F] [G]
33. [A] [B] [C] [D] [E] [F] [G]	38. [A] [B] [C] [D] [E] [F] [G]	43. [A] [B] [C] [D] [E] [F] [G]
34. [A] [B] [C] [D] [E] [F] [G]	39. [A] [B] [C] [D] [E] [F] [G]	44. [A] [B] [C] [D] [E] [F] [G]
35. [A] [B] [C] [D] [E] [F] [G]	40. [A] [B] [C] [D] [E] [F] [G]	45. [A] [B] [C] [D] [E] [F] [G]
46. [A] [B] [C] [D] [E] [F] [G]	51. [A] [B] [C] [D] [E] [F] [G]	56. [A] [B] [C] [D] [E] [F] [G]
47. [A] [B] [C] [D] [E] [F] [G]	52. [A] [B] [C] [D] [E] [F] [G]	57. [A] [B] [C] [D] [E] [F] [G]
48. [A] [B] [C] [D] [E] [F] [G]	53. [A] [B] [C] [D] [E] [F] [G]	58. [A] [B] [C] [D] [E] [F] [G]
49. [A] [B] [C] [D] [E] [F] [G]	54. [A] [B] [C] [D] [E] [F] [G]	59. [A] [B] [C] [D] [E] [F] [G]
50. [A] [B] [C] [D] [E] [F] [G]	55. [A] [B] [C] [D] [E] [F] [G]	60. [A] [B] [C] [D] [E] [F] [G]

说明：

1. 本卡为模拟机读卡，仅作为考生填涂练习及方便模拟考试阅卷之用，不可机读。
2. 卡中所列项目及格式与真实考试答题卡略有不同。

61. [A] [B] [C] [D] [E] [F] [G]
62. [A] [B] [C] [D] [E] [F] [G]
63. [A] [B] [C] [D] [E] [F] [G]
64. [A] [B] [C] [D] [E] [F] [G]
65. [A] [B] [C] [D] [E] [F] [G]
66. [A] [B] [C] [D] [E] [F] [G]
67. [A] [B] [C] [D] [E] [F] [G]
68. [A] [B] [C] [D] [E] [F] [G]
69. [A] [B] [C] [D] [E] [F] [G]
70. [A] [B] [C] [D] [E] [F] [G]
71. [A] [B] [C] [D] [E] [F] [G]
72. [A] [B] [C] [D] [E] [F] [G]
73. [A] [B] [C] [D] [E] [F] [G]
74. [A] [B] [C] [D] [E] [F] [G]
75. [A] [B] [C] [D] [E] [F] [G]

76. [A] [B] [C] [D] [E] [F] [G]
77. [A] [B] [C] [D] [E] [F] [G]
78. [A] [B] [C] [D] [E] [F] [G]
79. [A] [B] [C] [D] [E] [F] [G]
80. [A] [B] [C] [D] [E] [F] [G]
81. [A] [B] [C] [D] [E] [F] [G]
82. [A] [B] [C] [D] [E] [F] [G]
83. [A] [B] [C] [D] [E] [F] [G]
84. [A] [B] [C] [D] [E] [F] [G]
85. [A] [B] [C] [D] [E] [F] [G]
86. [A] [B] [C] [D] [E] [F] [G]
87. [A] [B] [C] [D] [E] [F] [G]
88. [A] [B] [C] [D] [E] [F] [G]
89. [A] [B] [C] [D] [E] [F] [G]
90. [A] [B] [C] [D] [E] [F] [G]

91. [A] [B] [C] [D] [E] [F] [G]
92. [A] [B] [C] [D] [E] [F] [G]
93. [A] [B] [C] [D] [E] [F] [G]
94. [A] [B] [C] [D] [E] [F] [G]
95. [A] [B] [C] [D] [E] [F] [G]
96. [A] [B] [C] [D] [E] [F] [G]
97. [A] [B] [C] [D] [E] [F] [G]
98. [A] [B] [C] [D] [E] [F] [G]
99. [A] [B] [C] [D] [E] [F] [G]
100. [A] [B] [C] [D] [E] [F] [G]
101. [A] [B] [C] [D] [E] [F] [G]
102. [A] [B] [C] [D] [E] [F] [G]
103. [A] [B] [C] [D] [E] [F] [G]
104. [A] [B] [C] [D] [E] [F] [G]
105. [A] [B] [C] [D] [E] [F] [G]

106. [A] [B] [C] [D] [E] [F] [G]
107. [A] [B] [C] [D] [E] [F] [G]
108. [A] [B] [C] [D] [E] [F] [G]
109. [A] [B] [C] [D] [E] [F] [G]
110. [A] [B] [C] [D] [E] [F] [G]
111. [A] [B] [C] [D] [E] [F] [G]
112. [A] [B] [C] [D] [E] [F] [G]
113. [A] [B] [C] [D] [E] [F] [G]
114. [A] [B] [C] [D] [E] [F] [G]
115. [A] [B] [C] [D] [E] [F] [G]
116. [A] [B] [C] [D] [E] [F] [G]
117. [A] [B] [C] [D] [E] [F] [G]
118. [A] [B] [C] [D] [E] [F] [G]
119. [A] [B] [C] [D] [E] [F] [G]
120. [A] [B] [C] [D] [E] [F] [G]

121. [A] [B] [C] [D] [E] [F] [G]
122. [A] [B] [C] [D] [E] [F] [G]
123. [A] [B] [C] [D] [E] [F] [G]
124. [A] [B] [C] [D] [E] [F] [G]
125. [A] [B] [C] [D] [E] [F] [G]
126. [A] [B] [C] [D] [E] [F] [G]
127. [A] [B] [C] [D] [E] [F] [G]
128. [A] [B] [C] [D] [E] [F] [G]
129. [A] [B] [C] [D] [E] [F] [G]
130. [A] [B] [C] [D] [E] [F] [G]
131. [A] [B] [C] [D] [E] [F] [G]
132. [A] [B] [C] [D] [E] [F] [G]
133. [A] [B] [C] [D] [E] [F] [G]
134. [A] [B] [C] [D] [E] [F] [G]
135. [A] [B] [C] [D] [E] [F] [G]

136. [A] [B] [C] [D] [E] [F] [G]
137. [A] [B] [C] [D] [E] [F] [G]
138. [A] [B] [C] [D] [E] [F] [G]
139. [A] [B] [C] [D] [E] [F] [G]
140. [A] [B] [C] [D] [E] [F] [G]
141. [A] [B] [C] [D] [E] [F] [G]
142. [A] [B] [C] [D] [E] [F] [G]
143. [A] [B] [C] [D] [E] [F] [G]
144. [A] [B] [C] [D] [E] [F] [G]
145. [A] [B] [C] [D] [E] [F] [G]
146. [A] [B] [C] [D] [E] [F] [G]
147. [A] [B] [C] [D] [E] [F] [G]
148. [A] [B] [C] [D] [E] [F] [G]
149. [A] [B] [C] [D] [E] [F] [G]
150. [A] [B] [C] [D] [E] [F] [G]

《国际汉语教师证书》考试
仿真预测试卷

（第二辑）

答案与解析

目　录

仿真预测试卷一

第一部分

1. C

此题考查汉字的结构方式。

汉字可以分为独体字和合体字，合体字部件的组合方式一共有四大类：左右结构、上下结构、包围结构和框架结构。其中包围结构有半包围的两面包围、三面包围和全包围结构即四面包围。“寿”属于半包围中两面包围结构的上左包围。

2. D

此题考查对汉字造字法的理解。

如，，从女从口，会意，本义是遵从、依照的意思。南，，象乐器之形，象形，本义是指一种乐器，后作方位名词。比，，从二匕，会意，甲骨文又像两人并肩而行，本义并列、并排。山，，象山峰并立之形，象形，本义山峰。

3. B

此题考查汉字笔顺。

“海”字中，“母”的书写顺序为：竖折、横折钩、点、横、点。

4. C

此题考查对汉字造字法的理解。

“福”从“礻”，“礻”字旁的字往往和祭祀、祈福有关；“畐”声。形旁“礻”＋声旁“畐”构成形声字“福”。该题可通过归纳汉字，比如“副、富、幅”等读音均相似，推导出“畐”为声旁，从而确定“福”为形声字。

5. B

此题考查汉字形体演变的特点。

行书在楷书基础上发展而成，介于楷书和草书之间，既不像草书那样潦草，也不像楷书那样端正，笔画间有牵连，字与字之间相对独立。近楷者谓行楷，近草者谓行草。

6. C

此题考查现代汉语修辞。

整体上看，“福如东海”与“寿比南山”是对偶，字数相等，结构相同，意义相关。分别来看，两句均为比喻，即用有相似点但本质不同的事物或道理打比方。对偶中包含比喻，是一种辞格套用的形式。

7. A

此题考查汉语拼音对应国际音标的书写。

鸡蛋 jīdàn，j 的国际音标为［tɕ］，d 的国际音标为［t］。B 选项中，［tɕʻ］是 q 的国际音标，C 选项中，［tʂ］是 zh 的国际音标；D 选项中，［tʂʻ］是 ch 的国际音标。

8. B

此题考查多音字的读音。

“着”有 zháo（着急）、zhuó（着陆）、zhe（看着）、zhāo（着数）四个发音。

9. C

此题考查对“把”字句基本结构的理解。

只有句（3）属于“把＋对象＋动词重叠”的形式，其他几句均为“把＋对象＋动词＋补语”的形式。

10. D

此题考查汉语中的一词多义现象。

A 选项中的“看”有尝试的意思；B 选项中的“看”是看望的意思；C 选项是“看”的本义，表示用眼睛观察；D 选项与材料中句（4）语义一致，都有认为、觉得的意思。

11. D

此题考查对句法成分及其语义的理解。

句（6）中的“起来”是对前面动词“看、做、吃”的补充说明，表示从某一方面来说，有估计、评价、感受的意思，用的是趋向补语的引申义。从答题思路与技巧来看，A、D 用法相同语义不同，C、D 用法不同语义相同，从而判断答案可能是 D。

12. B

此题考查对偏误分析理论的理解。

科德于 20 世纪 60 年代最早提出了偏误分析理论。拉多提出的主要理论是对比分析假说。克拉申的主要理论包括“语言监控模式”等。舒曼主要提出了“文化适应理论”。

13. C

此题考查对偏误分析理论的理解。

A 选项中偏误应该是系统性的而非随机性的。B 过度概括、忽略规则限制等都属于语内偏误。D 选项中“学习者知道正确的目的语规则，但总不能正确使用”指的是系统后偏误。

14. B

此题考查对语法偏误的分析能力。

“上个学期的课完了”应为“上个学期的课学完了”或是“上个学期的课

上完了”，动补结构中缺失了动词部分，因此可以判断为遗漏。A 选项“错序”指的是语序上的错误，C 选项“误加”指的是加入了多余的成分，D 选项“杂糅”指的是多种句式混合在一起产生偏误。

15. D

此题考查对汉字偏误的分析能力。

如果只看题干与选项，四个选项皆有可能。本题无法只从字形上进行判断，应结合材料中该错别字所在的句子进行分析。

16. A

此题考查对“了”的用法的理解。

外国学生在学习“了”时，很容易误认为“了”是汉语中的时态标记，相当于英文一般过去时的“-ed”形式。实际上汉语中并没有明确的时态标记，主要用时间名词或副词进行语义上的提示。

17. B

此题考查声母的发音方法。

汉语拼音声母中塞擦音只有六个：j、q、zh、ch、z、c，从选项中找声母为该六个的即可。注意：s、sh 属于擦音，直接排除 A 选项中的“霜”和 C、D 选项中的“思”。考试时如果没记住也没有关系，可以在心里试读声母，有阻碍有摩擦即为塞擦音。

18. A

此题考查普通话的声调和“五度标记法”。

普通话中的一、二、三、四声又称为：阴（平）、阳（平）、上（声）、去（声），用五度标记法分别标记为：一声，阴（平），55；二声，阳（平），35；三声，上（声），214；四声，去（声），51。“霜”为一声，所以答案为 A。

19. D

此题考查声韵母的发音方法。

擦音即发音时，气流从窄缝中挤出，摩擦成声，f、h、x、sh、r、s 都为擦音。四呼是按照韵母开头的元音口形来分的类，分别为开口呼、齐齿呼、合口呼、撮口呼。发 a、o、e 等音时，口形较大，为开口呼；发 i 时，上下牙齿对齐，嘴角向后，为齐齿呼；发 u 时，嘴角收拢圆唇，为合口呼；发 ü 时，嘴唇撅起，为撮口呼。注意：“思”的韵母是-i [ɿ]，为开口呼，而不是 i [i]。

20. A

此题考查诗歌作者及人名的汉语拼音拼写规则。

《静夜思》的作者为李白。用汉语拼音拼写人名时，姓和名的开头字母都要大写，中间空格。

21. D

此题考查教学中对于古诗词类语言材料的处理方式。

本题的解题思路主要是要考虑到外国人作为第二语言学习者的特点、古代诗词的语言特点及与现代汉语的联系。A选项熟读背诵，没有建立在理解的基础上，学生无法体会古诗词之美。B选项用毛笔书写及C选项讲古汉语语法、仿写诗词显然超出了初级学生的认知水平。

22. C

此题考查汉语中的比较句。

“越来越……”不同于比较句中相对典型的“比”字句，它主要是用来表达与过去情况或状态的比较。

23. B

此题考查对词语意思的理解与判断。

句（2）中的“还是”表示对两种以上的事物、情况比较后进行选择。B句意思是“小王去”与别人去进行比较后，选择“小王去”，与句（2）一致。A句中“还是”表示动作行为继续进行，仍然。C句中“还是”表示建议，提议或劝说对方听从自己的意见。D句中“还是”与“无论”连用，表示列举。

24. D

此题考查“吧”的用法。

“吧”出现在问句时多表示请求确认，有估计、推测的意思。解本题时如无法直接确定正确答案，可以结合语感和选项通过排除法来分析。A、C两选项中句（2）和句（5）中的“吧”表示提出建议。B选项中句（3）的“吧”表示接受或妥协。另外，选项A、D相互矛盾，答案在A、D中的可能性较大，可以先判断一下（2）和（6）哪个表示请求确认。

25. A

此题考查“就”的用法。

句（7）中的“就”表示两个动作间的时间间隔短，A选项中“下飞机”和“打电话”两动作也是紧密连接的。此外，本题也可结合语感利用排除法解题。B选项中的“就”表示的是“只”的意思。C选项中的“就”表示的是动作发生的时间早。D选项中的“就”表示强调。

26. C

此题考查汉语句式。

首先判断出材料中句（4）为表示出现的存现句，然后再对选项中的四个句子进行分析。句（8）为比较句，句（9）为连谓句，句（11）为非主谓句。句（10）为表示消失的存现句。

27. A

此题考查“还是”的多种用法。

首先判断出材料中句（12）的“还是”作副词，表示比较后进行选择，有让步的意味。A 选项中“还是”表示与地铁相比，更愿意坐公共汽车，也是比较后进行选择，与句（12）一致。B 选项中的“还是”作连词，用于问句，表示的是请求对方进行选择。C 选项中的“还是”是两个词，“是”作动词，“还”作副词，有递进的含义。D 选项中“还是”是两个词，“是”作动词，“还”作副词，表示“仍然”。

28. D

此题考查存现句。

“地方＋V 着＋东西”的结构为典型的表示存在的存现句。

29. C

此题考查连动句。

“去＋某地＋做什么”的结构为典型的连动句，后项表示前项的目的。

30. A

此题考查兼语句。

“A 让 B ＋做什么”为典型的兼语句，B 是“让”的宾语，同时是“做什么”的主语。

31. F

此题考查紧缩复句。

“一……就……”为 典型的紧缩复句。表示某一动作后马上做出另一动作或出现某种反应。

32. D

此题考查汉语修辞手法中的双关。

“早晚”在句中既指“早上”“晚上”，又可作为一个副词理解为“总有一天”，这是语义双关的用法。

33. E

此题考查汉语修辞手法中的夸张。

此处为超前夸张。把后出现的说成先出现，把先出现的说成后出现。

34. C

此题考查汉语修辞手法中的委婉。

“百年之后”是“死”的委婉表达方式。

35. A

此题考查汉语修辞手法中的比喻。

此句属于比喻当中的借喻，没有出现比喻词，直接用喻体代替本体，即直接用“厚障壁”比喻二人关系上的隔阂。

36. B

此题考查汉语修辞手法中的借代。

题目中用“枪杆子”借代武装斗争。

37. C

此题考查语言僵化现象。

材料中大卫学习时间不短了，但仍然存在一些简单偏误，语言停滞在某一水平，没有发展，故属于语言僵化现象。

38. B

此题考查对第二语言学习者学习风格的判定。

材料中阿隆索喜欢交际，能从目的语环境中学习，属于场依存型。回答问题时第一个开口，凭第一感觉，不需要反复思考语言的准确性则属于冲动型。

39. A

此题考查对第二语言教学法的理解。

为了让李明爱提高语言水平，老师需要通过交际法鼓励她运用所学的词语进行灵活的交流，而不是简单地记忆并机械地复述课文的句子。

40. C

此题考查第二语言的学习策略。

元认知策略指的是需要首先理解语法规则，运用语法知识组织语言，在输入和输出时都会首先分析语法结构的一种策略。材料中的雅娜非常注意语法的准确性，并用语法术语思考问题，属于元认知策略。

41. B

此题考查对语言关键期假说的理解。

“狼孩儿”指的是婴儿时期被遗弃在大山里，被狼抚养长大后回到人类社会的孩子。他们基本上丧失了语言能力，无论经过怎样的训练，都无法重新掌握人类的语言。这样的现象比较有力地支持了语言关键期假说。

42. E

此题考查对输入假说的理解。

输入假说即“i+1”，“i”为学习者目前水平，“1”为略高于目前水平的等级。

43. A

此题考查对对比分析理论的理解。

通过对两种语言间的差异进行注释，教材可以更好地帮助学习者认识到在使用时需要注意的方面。这是对比分析理论很有效的实际应用。

44. C

此题考查对习得顺序假说的理解。

该假设认为对于二语学习者来说，词语和语法有不同难度且存在一个较为高效合理的习得顺序，因此教学时应该尽量考虑这一顺序。

45. F

此题考查对语言习得机制假说的理解。

乔姆斯基认为婴儿在还没有接触第一语言前，他们的状态是完全一致的。这个初始状态称为“最初语言状态”。因此无论哪个民族的哪种语言，实际都只是激活和改造“最初语言状态”的机制。

46. B

此题考查对语言习得理论的了解。

“教育目标分类法”是由布鲁姆提出的。乔姆斯基提出的理论主要有“普遍语法理论”等。马斯洛提出了心理需求的五个等级。加涅的主要理论包括“信息加工理论”等。

47. C

此题考查布鲁姆认知语言学的相关理论。

布鲁姆提出的“教育目标分类法”由低到高分为知道（认识）、理解（领会）、应用、分析、综合、评价六个等级。

48. A

此题考查“教育目标分类法”在教学中的应用。

课堂教学中的听写环节，主要考查的是学生对所学内容的记忆情况，属于最基本的教育目标。

49. B

此题考查“教育目标分类法”在教学中的应用。

“改病句”除了要求学生有一定的语感判断出语法的对错外，还要求学生能结合自身的语法知识将其改对，以此来考查学生是否具备评价所学语言准确性的能力，属于非常高的教育目标。

50. C

此题考查“教育目标分类法”在教学中的应用。

“造句”这一活动要求学生不仅要理解所学词语，还要能够运用该词语构成一个有明确语义的句子，属于应用能力的考查。A、B 选项中的选词填空和阅读理解分别考查对词义和篇章的理解能力，D 选项的连词成句考查对词义的理解和对句法的分析能力。

第二部分

51. C

此题考查课堂活动的类型。

有角色分工、有任务设计的自主性语言活动，属于交际活动，所以 C 正确。A 选项机械练习是指教师基于特定的语言项目与学生进行的答案固定的语言练习，如听写练习、跟说练习、答案固定的问答练习和替换练习等等。B选项半开放练习指的是基于某一语言项目的答案不唯一的、由教师控制的语言练习。迷惑选项是D，真实任务指的是真实发生的任务，是没有角色设定的，比如采访班级同学、记录5个同学的生日等。

52. C

此题考查课堂活动的教学目标。

本题可使用排除法。A选项，本活动是一项交际活动，目的不是纠正语音语调。在活动进行中，教师随时打断学生、纠正学生的语音语调会影响活动的进行。B选项，与职业相关的词汇属于初级阶段的教学内容，在中级阶段是应该已经掌握的、进行巩固的知识，因此排除B。D选项培养学生把握主要信息和捕捉细节信息的能力，是听力和阅读课的主要教学目标，不是口语课的主要教学目标。C是正确选项，这项活动就是要求学生对职业的相关内容进行采访和应答，要求学生做什么就是希望学生会什么，因此这才是这项活动的教学目标。

53. B

此题考查课堂活动的具体要求与评价标准。

开始要做什么、结束要做什么，是要求学生按照合适的表述框架进行规范的表达，不是对话题、语法和词汇的要求。

54. D

此题考查课堂活动的具体要求与评价标准。

注意交际对象的身份、礼貌会话属于语言表达的得体性。A选项流利性是要求语言要自然流畅；B选项准确性是要求语音、词汇、语法使用准确无误；C选项多样性是要求不要重复使用单一语言形式，要能够变换表达方式。

55. B

此题考查课堂活动设计的衔接。

课堂活动设计需要注意活动之间的铺垫关系和活动难度。案例中的活动是本课的主要活动，在其进行之前，应该是一项铺垫活动，要注意时间不能过长、有铺垫作用、难度合适。A选项所听写的词语都是初级阶段的，难度过低，起不到铺垫作用。C选项在课堂上阅读1万字的小说并做读书笔记耗时过长，难度过大，因此排除。D选项的口语练习难度过低，与A问题相同。B选项的练习难度适合中级，且为主要任务的完成提供了背景知识和语言支撑，因此选B。

56. A

此题考查活动支架的提供。

根据社会文化理论，教师提供支架是为了帮助学生达到最近发展区，也就是说所提供的支架是学生在完成任务中所必需的。A选项采访活动中常用词语是学生最需要的，没有它就完成不了任务，因此选A。而B选项HSK 1—3级语法大纲是初级阶段的语法，已经满足不了学生的需要了，排除B。C选项表演身份和D选项表演道具可有可无，只是锦上添花，并不影响活动的完成。

57. C

此题考查课堂教学中如何应对文化冲突、观念冲突。

面对文化冲突、观念冲突，教师不需要立场鲜明、严肃对待，因为毕竟这是语言课，用目的语表达观点、进行交流是最根本的目标。语言教师可以包容地应对学生的冲突性问题。A、B选项的处理方式都过于强势，因此排除。D选项的方式偏离了本活动的目标。

58. B

此题考查教学对象的水平和年龄层次。

这是一篇对话课文，全文多为单句，难度水平应是初级。话题是机场接人，适用于成年学习者。答题时如果判断不好级别，可以先判断年龄。

59. A

此题考查教学目标的分类。

认知领域指的是对语言知识（包括语音、词汇、语法和汉字）的掌握情况和对语用规则、文化历史知识等的把握，因此选A。另外几个选项分别展示了教学目标的其他三个方面：选项B属于技能领域，选项C属于情感领域，选项D属于策略领域。

60. D

此题考查教学重点的确定。

初级阶段的教学重点一般是：本课语法点、本课功能项目和重要的词语（如副词、介词、离合词、动词、形容词等）。选项A排除，意义直接、明确的名词不是教学的重点。选项B，区分易混淆动词“戴”和“穿”是本课的重点，但是其反义词不一定是学生已学词语，词语教学中不要随意引入生词，因此排除B。选项C和D都是表存在的“着”的典型结构。其中“地方＋V着＋人/物”多用于表示某地有某物，可以用于描述房间物品的摆放等。而“人＋V着＋衣服/东西”用于描述人的穿着、特征等，课文中多次出现相关的句子，可定为本课重点。本题的答题技巧是多读读课文中的句子，看看反复出现的是哪一类，反复出现的一定是本课的重点。本课中反复出现的“我穿着白色T恤和蓝色牛仔裤”等都是典型的“人＋V着＋衣服/东西”的形式，因此选D。

61. A

此题考查教学环节的组成部分。

初级阶段综合课的教学环节是组织教学——复习旧课——教授新课——归纳总结——布置作业。引入新课和明确目标一般在复习旧课和教授新课之间，因此排除B和C。迷惑选项是D，机械练习属于练习的一种，含在教授新课这个环节之中，因此不选D。

62. A

此题考查扩展交际练习的设计。

需要注意三个原则：一是活动中必须使用本课的语言点，二是活动难度适中，三是必须设置信息差。四个选项都设计了穿戴或手持物品的描述，都符合原则一。选项B出现的“侦探”“消音手枪”“密码箱”等必须使用的词语难度过高，会阻碍学生进行活动，不符合原则二，因此排除。选项C和D，说话双方互相可见，不需要彼此询问穿着，也就是不存在信息差，不符合原则三，因此排除。选项A符合三个原则，是正确答案。

63. C

此题考查对阅读能力的分析。

问一段话的主要内容、作者的观点和态度，都是考查学生把握主要信息的能力，因此选C。与其相对的选项B，获取细节信息的能力主要指对重要时间、地点、数字等细节信息的捕捉能力。

64. B

此题考查对HSK考试级别的判断。

不同级别的HSK考试，难度不同，题型也不同。本题出现的阅读题目在HSK 3级、HSK 4级、HSK 5级中都有。HSK 3级的阅读题是读一句话回答问题，HSK 4级是读一段话回答问题，HSK 5级是读一个语篇回答4个问题。

65. A

此题考查听力课的听前练习设计。

听前练习的目的是对听时练习进行铺垫和心理上的、语言上的准备。选项A是一种探讨性活动，既结合了听力材料，难度也适中，因此是正确答案。选项B的错误是听力课的语言点一般不必进行扩展练习。选项C的错误是听之前把材料内容讲给学生了，会让听力训练本身失去价值。选项D的错误与C类似，让学生提前阅读了听力材料，不能考查学生到底是读懂的还是听懂的。

66. D

此题考查听力课对生词的处理方式。

没有语境的造句，耗时长且效果差，可以用于综合课的课后作业，不适合听力课的课堂练习，排除A。选项B听写句子只能考查学生对词语的理解、记忆和对汉字的记忆，不能考查是否掌握了用法，排除B。听力课对生词的要求，只要能在语段中听懂、能利用生词进行简单表达即可，一般不需要学生掌握其扩展用法，也不需要刻意对比，排除C。选项D通过设置语境，让学生用目标词语回答问题，能够快速考查学生对词语的意义和用法的掌握。

67. C

此题考查语言测试的质量指标。

看选项后，考生要通过题干首先明确该题考查的是效度还是信度。一个好的考试，各个部分之间应该密切结合，在明确测试内容的基础上，从不同角度反映出测试者的水平。根据题干，阅读理解部分与听力理解部分的相关程度超过与综合填空部分的相关程度，这意味着该考试中阅读理解部分与听力理解部分的考查内容是一致的，而综合填空部分的题目与要测试的内容关系不大，因此不能很好地反映测试者的水平，也就说测不出想要的东西。效度指的是一项测试测试出它想要测试的东西的程度，因此该题正确答案为C。信度指的是测试结果的可靠性、一致性和稳定性程度，与题目无关。

68. D

此题考查两种口语测试方式的利弊。

直接式口语测试就是应试者和考官面对面交流，考官根据应试者的表现当场给分。半直接式口语测试就是以录音形式进行的口语考试，应试者根据录音中的要求来回答，所有语音样本被录制。测试结束后，应试者的录音材料被带回相关部门，由评分员统一评分。与直接式口语测试相比，半直接式口语测试评分员可以多次听录音材料，评分的准确性和稳定性更高，但仍难以做到完全客观，D的说法过于绝对。一般过于绝对的选项是错误的。

69. B

此题考查试卷设计的效度。

学生要回答这部分问题，必须读懂第一部分的内容，如果学生阅读能力差的话，就不能很好地完成这一部分的题目，因此不能有效地考查学生的口语能力。

70. C

此题考查口语测试中话题的设计。

话题表达不要涉及敏感话题，尤其是宗教和歧视问题，因此排除A和B。选项C和D话题友好，难度也适中，但是D选项的话题与前两道题目相关性太高，都是旅游，会影响测试效度，因此排除D。

71. C

此题考查口语考试评分标准的层级分列。

评分标准的前三项是对准确性、条理性和流利性的要求，第四项应该对得体性进行要求，因此选C。其他选项，A选项属于副语言，不是话题表达的考查项目；B选项包含在第三项评分标准中；D选项包含在第二项评分标准中。

72. A

此题主要考查中国地理和文化常识。

莫高窟位于甘肃敦煌，云冈石窟位于山西大同，殷墟遗址位于河南安阳，喀纳斯湖则位于新疆阿勒泰地区。题干中，同学们想一路往西到达新疆，因此西安的下一站最好是在陕西到新疆的沿途，以上四项中，莫高窟最为合适。

73. E

此题考查词语的讲练方式。

“抬”是表示手部动作的动词，教师用肢体动作，或者用视频直接展示是最好的方法。

74. D

此题考查词语的讲练方式。

“枯燥”直接解释不太容易，可以利用其反义短语“有意思”进行解释：“一本书、一门课或者一部电影没有意思。”

75. B

此题考查词语的讲练方式。

“偏偏”是情态副词。汉语情态副词包含的情境信息非常丰富，且依赖特定的场景，因此用情境法讲解和练习最合适。

76. F

此题考查词语的讲练方式。

“售货员”由三个意义明确的语素构成，且整词的意思等于三个语素义的相加，可以使用语素释义法，告诉学生“售”的意思是卖，“货”的意思是买卖的东西，“员”是做某项工作的人，所以“售货员”的意思就是卖东西的人。

77. A

此题考查词语的讲练方式。

“外交部”在外语中有明确的对应词，可以直接用外语进行翻译。

78. B

此题考查汉语课程的分类。

案例中该汉语中心安排了口语课、听力课、汉字课，是从语言技能即听、说、读、写的角度设置课程。

79. C

此题考查学习者学习动机的分类。

经验动机指曾经发生过跟汉语学习有关的美好经历和体验，从而促使学习者学习汉语，如学习者高中时参加来华游学项目对汉语和中国文化产生强烈兴趣，因此大学时继续学习。融入型动机指学习者学习的动机在于与目的语社团直接进行交际，接触、融入当地社会。职业发展动机指学习中文的目的跟职业发展有关系，比如能跟中国客户更好地沟通从而获得晋升的机会、找到更好的工作等。而例如家庭中奶奶有中国血统，因此希望孩子能学习中文，了解中国社会和文化，这属于重要他人影响动机。

80. D

此题考查课外活动设计跟学习者需求的匹配。

该案例中学习者是 MBA 学生，安排参观本土公司会帮助他们了解中国商业情况，因此更符合他们的需求。

81. B

此题考查语言测试的分类。

题干要求从测试的内容特点来判断该测试的类型，只有 B 选项和 C 选项是从测试的内容特点这一角度划分出来的。对言语技能和言语交际技能综合运用进行的测试叫综合型测试，如听力理解、口语表达、阅读理解、写作等，都需要综合运用多种语言知识和技能。而对某一语言点分别进行的测试叫分立式测试，如给汉字注音、听写、选词填空、改病句等。具体来说，口语测试可以考查受测试者语音、词汇、语法的综合能力和素质，因此属于综合型测试。A 选项是根据测试的评分方式划分的，D 选项是按照对成绩的解读方式划分的。

82. C

此题考查语言点的选择。

语言点的选择有三个标准：一是课文中反复出现的，二是和课文话题表达密切相关的，三是在所在课文中难度较高的。在课文中反复出现的是 C 和 D，但 D 疑问句的难度级别较低。

83. C

此题考查生词的选择。

生词的选择有两个标准：一是和所在课文话题表达关系密切；二是适合本课难度，不能太容易。选项 A 中的“昨天”、选项 B 中的“非常”、选项 D 中的“酒”“菜”难度都较低。

84. B

此题考查测试的类型。

在课堂上，随堂考试，测试学生掌握的情况，检查学生的问题所在，就像医生诊断病人的病情一样，属于诊断测试。

85. D

此题考查中国传统婚俗。

“回门”即新娘出嫁后首次回娘家。传统婚俗中，新娘在婚后第三天携新郎回娘家，即“三朝（zhāo）回门”。女方出嫁是“出门”，“回门”即回娘家。也可借助今天仍然常见的“回门宴”（新郎新娘在女方家宴请宾客）作出推断：只有 D 项发生在女方家。另外，如果知道“三朝”即三天，也可判断出答案。

86. D

此题考查课堂教学中如何应对文化冲突、观念冲突，A、B 选项的处理方式过于强势，C 选项的方式偏离了本节课的目标。

87. D

此题考查评估课堂活动成功与否的原则。

四项都可能是活动进行不成功的原因，但是我们必须优中选优，选择最符合题目设计意图的选项。在设计课堂活动时，首先要考虑希望达到什么样的目标，而汉语作为第二语言课堂教学中的核心目标是提高语言的综合运用能力。案例中，学生们用法语来做分享，没有达到汉语教学的目标。

88. D

此题考查课堂活动前的准备。

不管是课堂活动还是课外活动，都要做好活动前的准备。从宏观角度要准备好两点：一是明确活动的目标；二是细化活动的流程，从如何进行到如何评价都要考虑。具体细节上要做的准备包括：一是要做好语言准备，如明确希望学生在活动中使用的目标词汇、语法；二是背景知识准备，可以采用老师讲解和学生自查资料相结合的方式；三是必需物品的准备；四是分组。选项D也是需要考虑的，但是该活动从老师布置任务到学生准备，学生有充足的时间告知父母，而且父母是否参加并不会从根本上影响活动的成败。

89. B

此题考查小组活动的分组方式。

就近分组指按照座位远近就近安排，适合分角色朗读等相对简单的课堂活动；随机分组是灵活的分组方式，可以增加学生的新鲜感；差异分组是将不同文化背景或者不同学习能力、不同学习风格的同学分为一组，目的是鼓励不同类型学习者之间互相交流，也有利于水平较高的同学帮助水平较低的同学。而同质分组与差异分组相反，是把文化背景、学习能力、汉语水平、兴趣等比较一致的同学放在一组。案例中的活动任务是介绍自己所属法语区国家的特色文化，按照国别这一特质来分组属于同质分组。

90. D

此题考查活动后教师点评的注意事项。

教师点评是课堂活动进行后的关键一环，学生期待能从老师的点评中得到反馈，从而知道优点和不足在哪里。点评时教师语言要简明扼要，在可懂性输入的基础上突出重点。学生点评也可以作为教师点评的补充，一定程度上更能激发学生的学习热情。教师点评指出优点的同时，也要指出问题和不足，让学生明确自己努力的方向，特别是对活动中学生的一些共性问题一定要及时指出，如果是个性化的问题可以私下单独跟学生交流。D选项中只谈优点的说法过于片面。从答题技巧来说，C选项和D选项是矛盾的，二者矛盾必有一真。表述过于绝对的往往是错误的。

91. A

此题考查课堂问题行为产生的原因。

课堂问题行为产生的原因很多，主要从内部原因和外部原因两方面来考虑。其中，B和C属于内部原因，D属于外部原因。而老师的授课风格可以是严谨认真的，可以是活泼而富有激情的，也可以是幽默风趣的等等。每一位老师都可以在保证教学效果的基础上建立自己个性化的教学风格，使教学过程更流畅，师生关系更融洽。也就是说鲜明的授课风格可以促进课堂教学有序高效地进行，但反过来，没有鲜明的授课风格不是导致问题行为的必然原因。

92. B

此题考查课堂规则制定时要考虑的因素。

制定课堂规则时涉及多种因素，尤其是在海外教授汉语的老师特别要注意尊重、服从当地的教育政策、教育理念，根据当地的情况制定课堂规则，A选项是考虑的因素。课堂规则的制定要建立在理解和尊重学生的基础上，比如中小学学生在课堂上容易出现捣乱、打扰别人、不按时完成作业等问题，老师要根据这个年龄学生的特点来相应地对其进行制约，C选项是要考虑的因素。制定规则并不是为了难为、惩罚学生，而是要通过合理的要求和有效的措施来保证课程有序进行，培养他们良好的习惯，这是老师的职责所在，D选项是要考虑的因素。B空间布置与学生的问题行为没有必然联系，不是影响规则制定的因素。

93. C

此题考查教师对问题行为的处理方式。

面对课堂教学中的“不配合”，沟通和反思是法宝，通过沟通可以了解学生的想法，找到疑难所在，对症下药，通过反思可以调整教学行为，从课堂设计的角度来改善课堂教学。课堂教学生动有趣，可吸引学生的注意力，增强学习兴趣，从而减少问题行为的产生。一定要避免的是造成冲突，硬碰硬，C选项即是一种不理智的硬碰硬行为。

94. B

此题考查近义词辨析的教学表述。

答题时可以通过自编例句来核对选项的表述是否准确。例句一：“老师早上八点就到教室了，你九点才到。”例句中的“八点到”“九点到”都是客观事实，因此A的表述错误；“就”指早，“才”指晚，因此C错误。例句二：“同样的作业，小张很轻松就做完了，小王费了半天劲才做完。”“就”指容易做，“才”指不易做，因此D错误。例句三：“我马上就走。”“你才刚来呀。”“就”表示不久后即将发生，“才”表示不久前刚刚发生，因此B正确。

95. D

此题考查如何促进课堂管理规则的实施。

制定的课堂管理规则能否真正落实，与学生、教师有关，也需要得到学校、家长等外部资源的支持。从学生角度来说，老师要赋予其主动权，让学生通过参与规则的制定等方式来主动约束自己；从老师角度来说，一定要做到“有所为有所不为”，尽量用最少的干预来纠正、转化学生的不良行为；而加强与学校、同事及家长的沟通，得到他们的帮助、支持和反馈也可以促进课堂管理规则的实施。规则一旦制定，所有学生都要遵守，不同的家庭背景并不影响规则的实施。

96. C

此题考查中国的传统文化活动。

飞花令是古代饮酒行令时的一种文字游戏，与诗词相结合，有不同版本，但基本规则是行令者吟诵出带某特定字的诗句，以助酒兴。本题四个选项中的“曲水流觞”本为古代一种意在祛灾避祸的饮酒活动，是中国古代一种传统的民间习俗。这种活动自东晋王羲之等人兰亭雅集后与咏诗论文相结合，大家沿河渠而坐，让杯盏顺流而下，停在谁的面前，谁就饮酒作诗。

97. A

此题考查传统文化活动的来源。

“飞花”一词出自唐代诗人韩翃《寒食》中的“春城无处不飞花”。“飞花令”以此得名。

98. D

此题考查律诗创作的规则。

材料简介了律诗的规则，概括起来就是“篇有定句、句有定字、字有定声、联有定对”。本题四选项中，A 和 C 两项均非对仗，不可能是颈联或颔联；B 项诗句字数不合律诗规定，而是典型的骈体文“四六句”。

99. C

此题考查“词”的产生与发展。

“词”是中国诗歌的一种体裁，可以根据“词牌”演唱，又称“曲子词”“诗余”等。作词就相当于今天的歌曲创作。词始于梁（南朝），成于唐，盛于宋。

100. A

此题考查与诗歌相关的内容在教学中的具体运用。

教学内容要适合学生目前的汉语水平，有助于巩固已有的汉语和中国文化知识，并贴近实际的生活需要。A 项，介绍诗人，在语言方面，符合学生当前的水平，也能巩固他们所学的知识；在内容方面，可以让学生初步了解中国诗歌。B 项，古典诗词的用字、用词和语法，C 项古典诗词的声律、格式明显超出中级学生的汉语水平和实际需要。D 项，准确引用诗词需要长期的积累，也需要文化知识储备，中级水平的学生一般尚不具备。

说明：第三部分“综合素质”为情境判断题，考查考生的个人态度倾向，没有统一的标准答案。

仿真预测试卷二

第一部分

1. B

此题考查 p 和 b 的发音部位与发音方法。

p 和 b 都是双唇音，都是清音。b 为不送气音，p 为送气音。声带不振动的是清声，声带振动的是浊音。

2. A

此题考查不送气音与送气音的区别方法。

不送气音和送气音最大的区别是是否有较强的气流冲出，感受气流最好的方式就是用手感受或者把一张纸条放在嘴前看是否被吹动，即吹纸法。此方法适用于区分 b、p，d、t，g、k，z、c，zh、ch，j、q。

3. D

此题考查辅音的发音部位和发音方法。

sh 和 r 发音区别在于 sh 是清音，r 是浊音，其他都相同，因此可以先发 sh，由清变浊，带出 r。这种方法叫带音法。

答题思路与技巧：带音法通常用于 sh→r、i→ü、o→e。本题四个选项中，首先判断 r 是擦音、舌尖后音，排除 C。其次判断 zh、ch 为塞擦音，排除 A、B。

4. D

此题考查韵母 i 和 ü 的发音区别。

ju 和 ji 的区分即 ü 和 i 的区分。它们舌位相同，都是舌面、前、高元音，区别在于 ü 是圆唇，i 是不圆唇。

5. C

此题考查介音的知识。

介音即韵头，又叫介母。“表”的韵头为 i，其余三个字均无韵头，只有韵腹和韵尾。

6. C

此题主要考查“一”的变调。

“一”在去声前，调值变为 35。

7. A

此题考查合成词的构成方式。

A 项“航海”为支配式。B、C、D 项均为联合式，其中“出发、选择”是动词性的，“道路”为名词性的。

8. B

此题考查词的基本概念。

“澳大利亚”虽然由多个汉字构成，但它是一个音译词，是单纯词的一种。

9. C

此题考查“可”的多种用法。

文中画线句的“可”是助动词，可以。A 项中的“可”是副词，表示强调，终于。B、D 项中的“可”是副词，表示强调，真的。

10. A

此题考查修辞手法。

暗喻又叫隐喻，出现本体和喻体，但用“是、变成、成为、等于”等喻词。材料中的“航海就是他人生道路上一段长长的台阶”是暗喻。

11. D

此题考查对汉字造字法的理解。

“三”，甲骨文作☰，用象征性符号表示抽象的意思，指事字，“视而可识，察而见意”。“行”，甲骨文作[illegible]，像四通八达的十字路口，象形字，“画成其物，随体诘诎”。

12. C

此题考查汉字的教学方法。

“果”，甲骨文作[illegible]，像树上结满球状的果实，字形似图画，最适合的教学法为图示教学法，即通过图片来展示汉字的形状和语义。笔顺教学法适用于所有汉字，但是因其中规中矩没有太多新意，所以更适合结构复杂或形体、笔顺较为特殊的汉字；偏旁部首带字法一般适合形声字，通过讲解形旁、声旁类属意义引出其他同形旁或声旁的字；联想教学法是通过联想的方法把汉字拆分成小图片或者编成故事帮助记忆。

13. B

此题考查数词“二”和“两”的辨析。

B 项，多位数中十位上应该用“二”，如“二十二”“二百二十二”。

14. B

此题考查疑问句类型。

特指问指包含疑问词的问句，需要针对所问具体回答的一种问句形式。材料句（1）中“什么”是疑问词。

15. A

本题考查复句类型。

句（2）偏句表示假设，正句表示结果，使用了关联词语“即使……也……”表示假设关系，由此可判断此句为假设复句。

16. B

此题考查修辞手法。

“那什么是浪漫呢?”后面紧接着进行回答，运用了设问的修辞手法。文中三次出现的“……说：浪漫……”运用了排比的修辞手法。容易误判的是比喻，“浪漫其实就像歌中唱的那样”，这里的“就像……那样”表示举例，不是比喻。

17. A

此题考查兼语短语的结构。

在“让我们感动”这个短语中，“我们”是“让”的宾语，同时是“感动”的主语。

18. B

此题考查插入语的判断。

插入语是独立语的一种。插入语在句子中独立于句子结构之外，不做句子成分，也不与句子成分发生结构关系，主要起补足句意的作用。插入语可能在句子中间，也可能在句子开头。句（4）中，“简单”是主语，“是”是谓语，“幸福”是宾语，“才”是状语，“最大”是宾语“幸福”的定语。感叹语也是独立语的一种，如“啊，这件衣服真漂亮!”“啊”即为感叹语。

19. C

此题考查汉字书写问题。

根据后文“在春天”这一具体时间判断，前文“力月”可能为表示时间的“九月”，所以 A 不对。从已写完的汉字中无法判断先写的哪一画，后写的哪一画，所以 B 不对。此句中没有结构错误，所以 D 不对。该学生把“九”写成了“力”是笔画书写错误，故选 C。

20. D

此题考查汉字书写的问题。

首先要找到学生写错的所有汉字，然后检查汉字错误的原因，不难发现“球”“宠”“很”三个字都少了笔画，所以该学生最容易出现的问题是丢失笔画。

21. B

此题考查综合教学法。

作文的第一、二句都是受母语负迁移导致的语法错误，正确的句子应该是“我在 Some Great 学校学中文”“我每年九月踢足球，春天打棒球”。汉字书写方面，错字较多。量词使用错误，且量词本身就是教学重点和难点。以上三方面都需要加强教学。作文中句子的衔接与连贯没有明显问题。正确答案是 B。

22—26. B　A　F　C　E

第22到26题考查“打”的义项。

第22题，“打鼓”中“打”表示用手或器具撞击物体。

第23题，“打电话”中“打”表示发出。

第24题，“打官司”中“打”表示与人交涉。

第25题，“打酱油”中的“打”表示买。

第26题，“打官腔”中的“打”表示采取某种方式。

27. D

此题考查对句法成分的理解。

“对”是介词，偏正短语“自己的成绩”作“对”的宾语，故为介词短语。介词短语在句中常作状语，句中“对自己的成绩”作谓语“满意”的状语，表示叙述的对象。

28. B

此题考查对句法成分中补语的理解。

句（2）（6）中“做完”“猜对”是结果补语，表示动作产生的结果。句（3）中“做得完”是可能补语，表示对动作可能性的判断。句（4）中“考得不怎么样”是情态补语，表示动作的情况或状态。句（5）中“想不出来”是带有趋向动词的可能补语。

答题思路与技巧：B、D重合率最高，只有一个不同，答案在B、D中的可能性较大。

29. C

此题考查“了”的用法。

现代汉语中，“了”既可以作动态助词，也可以作语气助词。“了”作动态助词，用在动词后，表示动作的完成，通常标记为“$了_1$”；“了”作语气助词，用在句尾，表示情况的变化，通常标记为“$了_2$”。

30. C

此题考查复句类型。

关联词语“不但……还……”表示递进关系。本句的意思是认真复习是必要的，在此基础上，更进一步还要注意考试的方法。

31. D

此题考查对词类的理解。

“否则”连接前后分句，是一个连词，表示转折关系。连词出现在复句当中，提示复句的语义关系。

32. C

此题考查学生水平对应的HSK词汇级别。

HSK 1级要求掌握标准词汇150词，HSK 2级300词，HSK 3级600词，HSK 4级1200词。材料中出现的“把”字句应是本课重点，对应的是HSK 3级。

33. C

此题考查语流中轻声音节的判断。

助词“了”读轻声，“尝尝”的第二个“尝”读轻声，“怎么样”中的“么”读轻声，“甜不甜”中的“不”读轻声。

34. D

此题考查普通话的声调。

一声“ˉ”即阴平，二声“ˊ”即阳平，三声“ˇ”即上声，四声“ˋ”即去声。“西红柿 xīhóngshì”三个字的声调分别为：阴平、阳平、去声。

35. C

此题考查轻声的基础知识。

地道，dìdào，名词，地下的道路或坑道（多用于军事）；dìdao，形容词，真正的、纯粹的。轻声具有区别词性的作用，如地道，是否轻声，词性不同。另外，轻声还有区别词义的作用，如东西，读本调指方位，读轻声指物品。

36. C

此题考查轻声的音高。

由于受到前一个音节声调的影响，轻声的音高也各不相同。一般来说，前一音节声调＋轻声的音高规律→ 四、一、二、三（从低到高）。题目中 A、B、C、D 项分别是一声、二声、三声、四声＋轻声，按照从低到高的规律，“好”是三声，后面的轻声音节音高最高。

37. B

此题考查比较句的格式类型。

句（1）的格式为“A 比 B＋形＋数量”，与 B 一致。A 句格式为“A 比 B＋动＋得＋形＋数量”，C 句格式为“A 比 B＋早（晚/多/少）＋动＋数量”，D 句格式为“A 比 B＋更（再/还）＋形＋数量”。

38. C

此题考查趋向补语“起来”的语义。

句（2）中“起来”表示动作开始，并有继续下去的意思。A 项“起来”表动作完成或达到目的。B 项表示人随动作由下向上，用的是“起来”的本义。D 项表示某种状态出现，程度在继续加深。

39. A

此题考查外来词的分类。

句（1）中“逻辑”是音译，与 A 项相同。B 项“马克思主义”是音译加意译，C 项“干部”来源于日语，直接借用外语的书写形式，D 项“啤酒”是音译加类属。

40. B

此题考查汉字的基础知识。

汉字属于表意体系的文字。通过了解汉字的字形来源及演变，有助于理解汉字的结构和意义。

41. D

此题考查对《说文解字》的了解。

A 项，“文”表示独体字，“字”表示合体字。B 项，首创部首查字法。C 项，正文字头以小篆为主。

42—46. D F E B C

第 42 到 46 题考查对第二语言教学法的理解。

第 42 题，老师不马上纠正是为了不打断交际过程。

第 43 题，老师通过请学生比较，构建输出“比”字句的情景。

第 44 题，通过构建肢体活动与语义的联系，加强学生对“接住”的理解。

第 45 题，利用图片等教具，并请学生重复，属于典型的直接法。

第 46 题，老师将课堂表现的时间尽量交给学生，只做简单评价，属于沉默法。

47—50. C B C B

第 47 到 50 题考查中介语理论的基础知识。

第 47 题，“中介语”理论的心理学基础是认知心理学。

第 48 题，“中介语”不是目的语和母语的简单混合，通过图示可以看出中间大部分的阴影既不属于母语也不属于目的语，因此排除 A。而通过图示还可以看出中介语是一个由母语向目的语转化的动态的体系，因此可以排除 C 项和 D 项。

第 49 题，塞林克于 20 世纪 60 年代末提出了“中介语”的理论。

第 50 题，当一个中介语体系中的词语被目的语所接受并正式进入了目的语体系后，我们就不能再将其称为中介语了。

第二部分

51. A

此题考查初级阶段综合课中生词的教学步骤。

生词教学的一般顺序是展示——讲解——练习。生词扩展和生词补充属于生词讲解环节。

52. D

此题考查重点生词的挑选方法。

一般来说，选择重点生词应该遵循以下三个原则：①选择基本词汇，尤其是动词、形容词，一般来说中文和外文能直接对译的名词不是教学的重点；②实词中和外文不完全对应的词；③近义词、多义词、用法特殊的词。基于以上原则，“油画”“事故”“规则”都是外文可以直接对译的词，排除A、B、C。再看D当中，“拥挤”“主要”“引起”都是基本词汇，分别是动词/形容词、形容词、动词，“拥挤”兼有动词和形容词的用法，“主要”和“重要”容易混淆，“引起”和“开始”“造成”容易混淆，都需要加以说明。

53. A

此题考查生词的讲解方法。

直接释义法是教师通过图片、实物或身体动作等手段直接展示词语的意思。本题中，教师使用眼镜这个实物直接展示，帮助学生掌握词语意思，是典型的直接释义法。比较容易混淆的是D，情境法用于解释较为抽象，或不容易解释的词语，通过设置语境帮助学生理解和体会词义，例如解释“尴尬”这个词的词义，老师可以设置这样的情境：昨天我遇到一个朋友，我问他和女朋友怎么样，他说那个人已经不是他的女朋友了。我高兴地说：“太好了，我一直不喜欢那个女的。”朋友说：“现在她是我的太太。”接着，老师可以引导学生说：当时，我的感觉就是“尴尬”。

54. C

此题考查生词的讲解方法。

这段教学的目的是让学生了解与“眼镜”搭配的量词“副”和动词“戴”，这种词语教学方法是搭配法。迷惑选项是A，词语扩展法的操作方法是教师扩展词语，学生跟说，必要时扩展到句子。比如，教师要由生词“趟”扩展到课文中出现的句子“我去了一趟保卫处”，可以这样带领学生扩展：“趟→一趟/两趟→去了一趟→去了一趟保卫处→我去了一趟保卫处”。

55. B

此题考查生词的练习方法。

教师说生词的意思，让学生说出这个生词，既考查了学生对词语意义的理解，也考查了学生对词语的记忆，因此是理解类练习和记忆类练习的结合。

56. C

此题考查检验生词学习效果的方法。

要检查学生是否会使用生词，就必须设置情境让学生用该生词进行表达。在初级阶段，让学生用指定的重点词语回答问题是比较好操作的方法。

57. A

此题考查教材适用对象的语言水平。

根据材料中“具有初步听说能力”可以判断为初级，再根据“简单句型”和“800个左右汉语词语”可以得到印证。

58. B

此题考查教材的编写目标。

根据材料中“课文以对话体为主，以少量叙述体为辅”可知，这本教材的编写目的主要是训练学生听懂对话体课文，而听懂叙述体课文不是重点，从而排除A和D。教材话题的选择，都是日常生活、学习、社交等交际活动，目的是让学生学完之后能加入日常交际，而不是正式、专业的讲话或讲座，排除C。

59. B

此题考查听前练习的目的。

听前练习主要是为听时练习做好知识、情感、主题和心理上的准备，不包括材料的具体内容。

60. C

此题考查听时训练的操作方法。

听时训练中，必须保证学生完整地听完录音，播放过程中学生遇到困难很正常，不能因此就从头再播，因此排除A。要注意技能训练的唯一性，听力训练不能和阅读结合，否则不能检测出学生是听懂的还是读懂的，因此排除B。听力训练可以和记结合，也可以和说结合，但说是为了检验或促进听的训练，应以听力训练为核心，说得太多会妨碍听力技能训练，因此排除D。

61. A

此题考查听后训练的操作方法。

初级阶段听力课对生词的要求是能在段落中听懂即可，不需要对生词进行引申义、比喻义的扩展。

62. C

此题考查写作教学的模式。

有头脑风暴、写作提纲、初稿、修改，这是典型的过程写作。选项B是易混淆选项，任务写作指的是完成真实任务，多为应用文写作，比如写请假条、通知等。

63. B

此题考查过程写作的优点。

过程写作的优点是写作是动态的，在反复修改中让语言表达更加准确、完美。选项A是任务写作的优点。选项C是控制写作的优点。选项D是自由写作的优点。

64. A

此题考查学生偏误的类型。

正确的句子是“他还会回中国来”，与正确的句子相比，没加没减，排除C、D，顺序颠倒，因此是语序错误。

65. D

此题考查学生偏误的类型。

D项正确的句子应该是“我每天在图书馆努力读书”，属于语序错误。选项A和B的偏误属于误加，C属于遗漏。

66. B

此题考查学生偏误的原因。

学生想表达的是“many old Chinese people”，因按照母语语序直接翻译而出现了这样的偏误，并非故意冒犯。

67. D

此题考查课文话题的总结。

课文中反复讨论的是中国人结婚应该送什么礼物。

68. A

此题考查生词例句的设计。

设计生词例句要注意：应该与生词在课文当中的意思和用法相同。课文中“反正”的用法是强调原因，而选项A是强调结果不会改变。

69. C

此题考查与谐音相关的名称或习俗。

根据材料所说，结婚不送伞，是因为“伞”“散”谐音。A、B、D三项都与谐音有关。A项“钟”“终”谐音，“送钟”音同“送终”，是送礼的大忌。B项红枣之“枣”、花生之“生”、桂圆之“桂”、莲子之“子”，合成“早生贵子”之意。D项，明清时期，船家忌讳与“住”谐音的“箸”，因为他们希望船只快行，而非停下，故改“箸”为“快儿”，这才有了现在的“筷子”。C项源自避讳。嫦娥本叫姮娥，但西汉时期因避汉文帝刘恒之讳，而改为“常娥”或“嫦娥”。

70. D

此题考查课堂活动的操作方法。

课堂活动中，如果学生谨慎、腼腆，不愿意主动回答问题，教师不要强迫学生说，也不要放弃活动的进行，更不该换成老师来说，排除A、B和C。正确的方法是降低学生的焦虑感，D项让学生在小组中自由表达是合适的做法。

71. B

此题考查重要语言点的挑选。

课文中反复出现的“学了多长时间”“学了一个多月”“学两个星期”是典型的时量补语。迷惑选项是A，动量补语用于补充说明动词发生的次数，常见形式是“动词＋数词＋次/遍/趟”，比如：“我去过一次长城。”

72. D

此题考查教学材料中重点难点的挑选。

有补语的句子一般是学生理解和运用的难点，因此A、B和C都需要讲解。而D项是语序正常的基本句型，不会是难点，不需要重点讲解。

73. D

此题考查近义词的辨析。

“再”和“又”都是副词，都可以用于口语中，都是中性词，排除A、B和C。“再”一般用于未完成的动作行为，“又”一般用于已完成的动作行为，是词义的侧重点不同，因此选D。

74. C

此题考查从认知角度划分汉语作为第二语言课堂教学的环节。

从认知的角度来说，老师讲解“再”和“又”的不同是让学生理解两者的意义、规则和用法，这属于认知过程的理解阶段，而练习是从理论到实践的阶段，使学生内化规则并形成言语技能，巩固和保持对语言规则的记忆。因此，这一阶段属于巩固阶段。

75. B

此题考查偏误的类型。

这五个句子的偏误分别是：句①多了句尾的“了”；句②中“特别”和“很”重复使用；句③不需要“被”；句④一是多了句尾的“了”，二是状语误放在动词后边；句⑤离合词带数量补语时，数量补语应放在中间，或重复动词，如“游了一天泳”“游泳游了一天”。综上，主要存在的语法偏误类型是成分的误加。

76. B

此题考查小组活动中教师如何对待学生的表达偏误。

小组讨论进行中，教师不要随意打断，不要干扰活动的正常进行。但是对于典型的错误，教师也不能视而不见，可以记下学生的偏误，在活动完成后统一纠错。

答题思路与技巧：极端的做法一般是错误的，可先排除A、D。

77. A

此题考查改正学生错句的原则。

改错句有两个重要原则：一是不改变学生的原意，二是变动最小。A项符合这两个原则，C项意思上与原句不同，先排除。

78. C

此题考查课堂练习的方式。

重复性练习指单一的、模仿性的多次重复，如跟读、汉字书写等。机械性练习也是第一层次的练习方式，如让学生用生词替换来完成句子等。交际性练习常用于学习者对语言的运用阶段，常有明显的交际任务。如听故事回答问题、讨论、辩论、角色扮演等都属于此类的练习方式。记忆性练习是为了加强学生对汉字、词汇或者语言点的记忆而设计的练习，以词汇为例，老师将一周所学词汇设计成一场抢词游戏即属于此类练习。案例中胡老师用“龟兔赛跑”的故事让学生进行会话练习，来加强学生对“比”字句的认识，属于较高层次的语言运用练习方式，当属交际性练习。

79. D

此题考查课堂练习实施的原则。

“龟兔赛跑”来自于伊索寓言，是一个人们耳熟能详的寓言故事，因此学生一般是了解该故事的基本内容的。而讲故事时使用的类似“它比我跑得慢”的语句也是符合“比”字句的语法结构特征和语义特征的。在汉语作为第二语言教学的课堂中，老师要为学生提供可理解性输入，过易或者太难都不利于语言学习。而胡老师讲故事时学生听不懂，可能是引入了过多的新词和结构，干扰了学生对故事的理解，这些语言障碍使练习“比”字句的教学目标无法实现，也影响了学习者对汉语学习的兴趣和热情。

80. D

此题考查教师对学生在课堂中问题行为的处理。

胡老师不动声色地悄悄走到学生身旁示意提醒，以此方式来制止学生的随便讲话行为，是用具体的动作来提醒学生，因此属于目光、动作暗示法。

81. A

此题考查教师在课堂中的角色。

该活动中，教师以“龟兔赛跑”的故事来加强学生对“比”字句的认识，效果姑且不谈，但的确体现了该教师在设计课堂活动中的思考和尝试。因此，该活动体现了教师设计者的角色。示范者指的是教师在课堂教学中给出正确的做法，如正确的发音、汉字的书写方式、句式的表达等；反馈者指对学生的表现及时地予以鼓励、指正等；传授者指教师用合适的教学方法将知识传授给学生，如通过展示典型例句让学生感知基本的语法结构和语义功能等。

82. D

此题考查学习策略。

老师将学生分组，并且每组安排一位水平较高的学生，从而促进组内成员间互相帮助，是典型的合作学习的方式。社会策略指的就是利用多种社会资源，如其他人的帮助来学习。

83. C

此题考查如何确定教学重点。

材料中出现“穿着”“拿着”“站着”“举着”等多个“V＋着”结构，可由此判断“V＋着”是本材料教学重点。

答题思路与技巧：根据语料判断教学重点时，可以看某个语言点出现的频次，频次越高，成为本课重点的可能性就越大。

84. D

此题考查课堂教学的基本环节。

这位老师的课堂设计显然是在讲授完“着”这一语法点后，以“你说我猜”的活动形式来对学生已经获得的知识和技能加以巩固，从而加强学生运用该结构的熟练度和灵活性。

85. C

此题考查组织课堂活动常见的问题。

信息差活动指的是持不同信息的双方通过交际手段交换信息，填补空白，从而完成交际任务。如果没有信息差，交际就缺少动力和意义。面对面地描述对方的穿着，本质上一方所描述的内容是另一方完全清楚的，因此双方并不存在信息差，该练习属于描述性练习而非交际性练习，双方会缺少交际的动力。

86. B

此题考查语法点教学的基本原则。

“着”本身有很多用法，但是在实际的汉语教学中，并不是一次性地全部教给学生，而是要遵循由易到难、由已知到未知、由具体到抽象、先一般后特殊、循序渐进的原则，这样才便于学生学习和接受，才符合语言学习的规律。老师只讲练本课中出现的某一语法点的结构、语义和功能，而不展开对其进行全面讲解，符合循序渐进的原则。

87. C

此题考查跨文化交际。

中秋节在农历八月十五，公历在9月或10月，是中国人阖家团圆的日子。感恩节（11月的第四个星期四）是美国人全家欢聚的节日，且在时间上接近中国的中秋节。

88. C

此题考查跨文化交际。

组织文化活动时老师要了解双方文化差异之处，尊重对方文化，如宗教禁忌、生活方式、饮食习惯等，否则容易导致学生认为老师不尊重自己的文化和生活习惯，甚至对老师、对汉语学习产生抗拒、逆反心理。

89. A

此题考查老师对突发事件的处理。

不管解决何种类型的突发事件，沟通和反思都是必要的。沟通是多方位的，不仅要跟校方、同事，也要跟学生、学生的家长等进行充分沟通，保持信息交流的通畅，因此C、D项的做法没问题。反思是积极主动的应对，要从自身出发，调整教学中的不当行为，为下一次积累经验，从而避免重蹈覆辙，因此B项的做法正确。A项换一个翻译软件可能还会出现类似的问题，并不是根本的解决方案。

答题思路与技巧：比较而言，A 项做法是消极的，B、C、D 项做法是积极的。

90. D

此题考查跨文化交际问题的处理。

A 项让学生加入到对评分规则的制定中，可以让他们意识到自己的参与权，认识到评分规则的公平性。B 项考试前明确告知学生评分规则，可以避免被动。C 项，虚心求教，了解对方的操作方式，可以避免盲目性。D 项面对质疑当即修改，显然有失公允，也会导致学生对老师专业性、公平性的质疑。

答题思路与技巧：四个选项中，A、B、C 为积极性的，D 为消极性的。

91. A

此题考查课堂活动的阶段和过程。

通过图表可以看到在该阶段老师不但对双方论点进行总结，引导学生复习所用到的知识点，而且还对学生的表现给予反馈，是课堂活动的教师总结阶段。

92. C

此题考查教室的布置。

辩论赛的活动形式决定了学生采取两组面对面的座位安排形式最好，因此通道式排列最利于活动的开展。传统式座位安排适合老师讲授语言点和讲座等活动，U 形座位与传统式座位类似，利于集中学生的注意力，而分组围坐适合小组讨论的课堂活动。

93. B

此题考查教师的课堂管理能力。

面对问题行为，老师基本的处理思路是找到原因，对症下药，积极应对，而非消极逃避，因此排除 A、C。在该题目中首先要找到问题的原因，该生不愿意参加辩论赛是由于汉语水平低，因此如何帮助他参与到活动中是关键，B 选项利用合作学习的方式，让善于合作的水平高一些的同学带动他参与到活动中，是较好的方式。而 A、C、D 项虽然看起来保护了学生的自尊心，实际上却更明显地暗示了这位学生跟别人不一样，反而会让他越来越不敢开口，因此都是不可取的。

94. C

此题考查活动过程中老师的控制。

老师要在活动中对活动的质量进行控制，通过适当的介入来保证活动的有效性。A、B、D 项都是积极的介入方式。C 项不干预是消极回避的做法。

95. C

此题考查课堂活动与教学内容和学习者学习水平的匹配。

老师的目的在于提高学生的成段表达能力，且是高年级学生，因此像话剧表演、辩论、话题讨论等都是比较合适的活动形式，而A、D项重在词汇练习，B项意在活跃课堂氛围。

96. A

此题考查“一带一路”的具体内容。

“一带”指的是“丝绸之路经济带”，“一路”指的是“21世纪海上丝绸之路”。

97. B

此题考查丝绸之路的相关知识。

陆上丝绸之路以西汉时期长安（今陕西西安）为起点，经河西走廊，到达亚洲中西部、欧洲、非洲等地。海上丝绸之路始于中国沿海地区，经今东南亚、斯里兰卡、印度等地，抵达红海、地中海以及非洲东海岸等地。

98. D

此题考查指南针的基本知识。

最早记录指南针用于航海的文献，是北宋朱彧的《萍洲可谈》。

99. A

此题考查与丝绸之路相关的历史人物。

班固是东汉的历史学家、文学家，中国首部断代史书《汉书》的作者。其胞弟班超是著名的军事家、外交家，他北击匈奴，恢复了丝绸之路，保证了西域回归。此题“班固”为干扰项。唐朝玄奘法师从长安出发，经西域诸国到达印度，其行有相当大一部分在丝绸之路上。唐朝另一位高僧鉴真法师东渡日本，航行路线属于海上丝路的东段。明朝郑和七下西洋，拉近了中国和东南亚、南亚、西亚和东非各国的联系，也让海上丝路不断向西延伸。

100. D

此题考查古代中外经济文化的交流。

茶叶、丝绸是中国的物产，经丝绸之路传向世界。冬葵是中原地区固有农作物。只有D项完全符合题意。

说明：第三部分“综合素质”为情境判断题，考查考生的个人态度倾向，没有统一的标准答案。

仿真预测试卷三

第一部分

1. D

此题考查汉语拼音正词法基本规则。

本题中涉及的基本规则包括：以词为书写单位；句首的第一个字母大写；专有名词首字母大写；数词和量词分写；“一”一般标原调，不标变调。

2. C

此题考查辅音的发音部位和发音方法。

首先确定四个选项的声母 z、j、q、zh 中，属于舌面音的有 j 和 q，排除 A 和 D。j 为不送气音，q 为送气音，排除 B，确定答案为 C。j 和 q 都是舌面前、清、塞擦音。

3. C

此题考查韵母的结构。

“牛”的拼音是 niú，其韵母是 iu，调号标在 u 上。韵母 iu 是 iou 的简写，iou 的韵头是 i，韵腹是 o，韵尾是 u。因此，“牛”的调号标在韵尾上。

4. B

此题考查音节的定义。

音节是听觉上自然感到的最小语音单位。一般来说，一个汉字的读音就是一个音节。注意，儿化音虽然由两个汉字组成，但是是一个音节。音节由一个或几个音素组成，音素是从音色角度划分出的最小的语音单位。音位是某一语言或方言里能够区别意义的最小的语音单位。

5. A

此题考查汉字的结构方式。

“这”，“辶”属于包围组合的两面包围。

A. 厉，属于包围组合的两面包围。

B. 害，属于上下结构。

C. 师，属于左右结构。

D. 牛，属于独体字。

6. C

此题考查汉字书写。

“甘拜下风”是心甘情愿地崇拜、佩服一个人并承认自己不如对方。“鞠躬尽瘁”意思是恭敬谨慎，竭尽所能，贡献出全部力量。“瘁”本义是劳累。

7. C

此题考查的是汉字造字法。

“莫”，会意字，甲骨文作，从日从茻（mǎng），太阳落在草丛中，表示日落，傍晚。

8. D

此题考查“一”的变调。

“一”在一声、二声、三声前，声调变为四声；在四声前，声调变为二声。

答题思路与技巧：记住八个字“一生一世一直一起”，考试的时候可以现推变调规则。

9. B

此题考查短语的构成方式。

“随声附和”是一个状中形式的偏正结构，“随声”是一个介宾短语，作“附和”的状语。

10. B

此题考查存现句。

“处所词语+V+着+表示人或物的词语”是典型的表示存在的存现句形式。

11. A

此题考查“着”的多种用法。

句（2）中的“着”表示动作正在持续。选项A中的“寻思着”表示思考的动作正在持续；B、C两项表示的是状态没有改变而非动作持续；D项中的“来着”作助词放在句末，表示曾经发生过什么事情。

12. C

此题考查对词类的了解。

句（3）中的“会”用在动词“来”前，表示“有可能”，属于动词中的能愿动词。

13. A

此题考查疑问代词的特殊用法。

此处的“什么”属于疑问代词的任指用法，指代范围内的任何事物。“说什么”意思是无论说什么，无论怎样。

14. B

此题考查语音。

现代汉语中“得”的读音有de（说得很流利）、dé（得到）、děi（你得给我想办法）三个。

15. B

此题考查对量词的理解。

“身”指身体，作名词，在句中借用为汗的量词，表示一整个身体的汗。故为借用名量词。

16. A

此题考查疑问句的类型。

只有句（2）是有疑而问，提出疑问要求对方回答。另外三个都是反问语气，即用疑问形式来表示肯定或否定意思的反问句，不需要听者作答。

17. C

此题考查补语的类型。

“睡得比较熟”属于比较典型的“V＋得＋怎么样”的情态补语形式，表示动作、性状呈现出来的情态，“熟”用来补充说明动作“睡”的状态。

18. C

此题考查“了”的用法。

“了”用在动词后，为动态助词，主要表示动作的完成。“了”还可用于句尾，为语气助词，主要表示情况变化，如“刮风了”。句（7）中的“了”出现在谓语动词“吃”后面，为动态助词。

19. D

此题考查对离合词的理解。

“散散步”是“散步”的重叠形式，由此判断老师想要练习的是离合词的重叠用法。离合词多为动宾或动补关系，中间可以插入其他成分。A项中的“休息”、B项中的“学习”和C项中的“高兴”均无法插入其他成分。

20. C

此题考查汉字的相关知识。

一般而言，人类先有语言，后有文字，文字在语言的基础上产生。日常生活中不认识汉字的人也可以进行交流。因此汉字是最重要的辅助性交际工具。

21. D

此题考查部件、部首、笔顺和笔画的概念。

笔画是构成汉字字形的最小单位。

部件又称偏旁，是由笔画组成的具有组配汉字功能的构字单位。

部首是字书中各部的首字，具有字形归类作用。

笔顺是书写汉字时笔画的先后顺序。

22. B

此题考查汉字的演变。

汉字形体的演变顺序是：甲骨文、金文、小篆、隶书、草书、楷书、行书。

23. C

此题考查汉字教学的方法。

选项A，反复抄写是中国孩子学习汉字的最原始最粗暴的办法，是一种机械记忆的方法，但是在对外汉语教学中效果并不明显，应强调理解性记忆。

选项 B，实质和 A 是一样的。选项 C，汉字多以独体字为基础，许多独体字会作为构字部件出现在合体字中。先教独体字，再教合体字，符合由易到难、循序渐进的教学规律，故选 C。选项 D，汉字的形体演变是个极其复杂的过程，并不是每一个汉字都能讲清楚。

答题思路与技巧：选项 D 的表述过于绝对化，首先排除。

24. B

此题考查连谓句。

在“来/去 ＋ 某地＋做什么”这样形式的连谓结构中，后项主要表示前项的目的，即来美国的目的是留学。

25. C

此题考查趋向补语的引申用法。

句（2）中的“下来”表示动作从过去持续到现在。四个选项中，C 项中“下来”也表示动作一直持续到现在。A、D 项表示动作由高处趋向低处。B 项表示动作的完成或结果。

26. B

此题考查合成词的构词方式。

首先需要判断出“教育”是一个联合结构的合成词。A、D 项为偏正结构，即“教学的房间”“身体素质的教育”；C 项为支配结构。只有 B 项为联合结构，表示“教授并引导”。

27. B

此题考查多义词的不同义项。

先需判断出句（4）中的“厉害”表示情况严重，然后分析四个选项，可以发现 B 项中的“厉害”表示病情严重。A、D 项中的“厉害”指本领高，C 项中的“厉害”指严厉。

28. B

此题考查音素的概念。

音素是从音色角度划分出来的最小的语音单位。“xiàng”这个音节可以划分为 4 个音素“x”“i”“a”“ng”。

29. D

此题考查趋向补语的引申用法。

句中的“起来”表示某状态的变化发展。四个选项中，A 项中的“起来”表示动作完成，B 项中的“起来”表示估计或着眼于某一方面，C 项中的“起来”表示动作产生一定的结果。只有 D 项与题干中“起来”的语义一致。

30. C

此题考查修辞手法。

题目中的句子是比较典型的比喻中的明喻。本体为“野花”，喻体为“星星”“眼睛”，比喻词为“像”。

31. B

此题考查词类及句法成分。

“透”为形容词，有透明、彻底等含义。材料中放在谓语“倒霉”后，作程度补语，对倒霉的程度进行说明。

32. D

此题考查近义词辨析。

“刚才”是一个表示时间的名词，因此首先排除A、B两个选项。“刚刚”还可以表示勉强达到某一数量或程度，“刚才”没有这种用法。

答题思路与技巧：可以按照选项中的描述进行扩展，如“刚刚十点”“刚才十点”，然后结合语感判断即可得出答案。

33. A

此题考查“都”的多种用法。

句（4）中“都”表示全部、总括。四个选项中，A项中的“都”与句（4）中的语义相同，B项与D项都表示“甚至”，C项表示“已经”。

34. B

此题考查舒曼的文化适应理论。

舒曼于20世纪70年代提出文化适应理论，认为学习者对于目的语文化的认可程度会影响其对于该语言的习得。因此材料中的张老师采取了各种方法帮助学生理解了汉语的一些特性并逐步接受中国文化，从而在一定程度上消除了学生的习得障碍。

35. C

此题考查第二语言习得相关理论。

科德提出了偏误分析理论，维果茨基提出了社会文化理论，舒曼提出了文化适应理论，乔姆斯基提出了转换生成语法。

36. C

此题考查汉语语音的特点。

A项和B项并没说清声调的重要作用。而D项更是没有对该问题进行有说服性的解释。只有C项可以证明即使声母韵母完全一致，不同的声调也会表示不同的语义，这种讲解方法具有很强的说服力。

37. C

此题考查对偏误分析理论的理解。

“丢了她的路”是从英文中“lost her way”迁移过来的，因此属于语际迁移。由于这样的说法不符合汉语语法，属于错句，故为负迁移。

38. A

此题考查对偏误分析理论的理解。

“三个路”是由于学生可能认为所有的名词前都可用“个”做量词进行搭配，属于规则的泛化。B项中，从题目无法推测学生的母语是何种语言，因此无法判断。C项，无法推测学生是否因为紧张而出错。D项，无法推测是否因为不会写“条”而出错。即使C、D的原因成立，事实上学生用“个”代替“条”仍是扩大了“个”的使用范围，仍是目的语规则的泛化。

39. D

此题考查对偏误分析理论的理解。

在进行偏误解释和引导时，我们需要考虑对象的特殊性，因此不能像A选项中的操作一样加入过多的语法知识，也不能像B、C两项的操作一样过于笼统地敷衍了事。D项是最为合理的处理方式，首先讲明原因，然后给出例句帮助理解。

40—43. D C B E

第40到43题考查对“把”字句结构及用法的理解。

第40题，通过提问对书和手机的处置，提示学生“把”字句的主要功能。

第41题，通过练习帮助学生理解“把”字句的结构特点：动词不能是“光杆”动词。

第42题，通过板书，向学生提示“把”字句的基本结构。

第43题，通过思考受事及地点的关系，帮助学生理解“把”字句。

44—46. C C B

第44到46题考查加涅的语言学习理论。

第44题，根据加涅的“信息加工模式”，学生首先从环境中接受刺激，因此可以判断出（2）处为环境；刺激推动感受器，并转变为感觉记忆，因此（3）处填感受器；感觉记忆经过加工进入短时记忆阶段，短时记忆再经过加工进入长时记忆阶段，因此（1）处为长时记忆。

答题思路与技巧：根据“感觉—短时—长时”的逻辑，可以判断出（1）为长时记忆，即可确定答案。

第45题，A项搭配的能力应为“态度”，B项搭配的能力应为“动作技能”，D项搭配的能力应为“言语信息”，只有C项与能力匹配。

第46题，A项学习的目的较为功利，不应为兴趣动机。C项是为了在当地生活，应该属于内部动机。D项是小王在他人建议下做出的选择，属于外部动机。

47—50. E C A B

第47到50题考查对互动假说的理解。

第47题，老师将学生的错句改正后说出，即重述。

第48题，老师要求学生再说一遍以确认学生并非口误，即请求澄清。

第49题，老师将学生的错句用疑问语气复述出来，即重复。

第50题，老师对学生出错的地方进行提问，提示学生可能有错，即引导。

第二部分

51. A

此题考查教材与课型的对应关系。

课堂教学的设计要突出课型特点。对目标句型的学习，有详细的用法解释、例句、控制型练习、交际活动，这样的设计一般用于综合课。

52. B

此题考查语法点的教学步骤。

第（1）部分是对语言点的用法进行解释和例示，属于语言点的讲解。

53. B

此题考查语言点例句的设计。

材料中用法解释部分呈现了两种情况：前后两个小句主语相同、主语不同。例句 1 和例句 2 都是主语相同的情况，因此例句 3 必须是主语不同的情况，排除 A 和 C。选项 D 中的“坚持不懈”是高级词汇，例句中不应该再出现生词，因此排除 D。

54. C

此题考查课堂练习的类型。

完成第（2）部分的练习需要使用目标语言项目，而且已经限定了上下文和前半句，不过答案不是唯一的，学生有一定自主选择的空间，这样的练习属于半开放练习。

55. C

此题考查教学活动的问题及改进方案。

在交际活动的设计中，必须明确要求学生使用目标语言点，不然学生很可能因为怕用错而回避使用。在这项活动中，学生很可能用“你可以……”“你最好……”“我建议你……”的句型代替目标句型“只要……就……”，这样就达不到训练的目的了。选项 D 是迷惑选项。例句的设计在逻辑上确实存在问题，但是如果改成“只有……才……”，就不再是本课的语言项目了。

56. B

此题考查阅读材料中生词的挑选。

本题使用排除法。教学对象处于准中级阶段，而 A 中的“着”、C 中的“外国人”、D 中的“非常”都是初级阶段的词汇，一般不会成为学生阅读的难点。

57. A

此题考查阅读教学中激活学生背景知识的步骤。

激活学生的背景知识应该采用启发式，教师应该先引发学生自主思考，然后提供相关信息，在这个过程中帮助学生建立学习习惯。阅读应该从文章标题开始，因为一篇文章的标题往往揭示了文章的主旨或是提出了文章的话题。

58. C

此题考查如何培养学生的阅读习惯。

题干中指出，学生阅读速度慢的原因是没有养成良好的阅读习惯，而背生词、练语法、抄课文都不能改变阅读习惯，排除A、B、D。培养高效的阅读习惯，限时阅读和重复阅读是最好的方法，因此选C。

59. C

此题考查听力练习的考查点。

课文中“我”犯的错误、姑娘的态度、警察的反应，都是主要信息。

60—63. A D C B

第60到63题考查词语教学的基本方法。

第60题，通过词与词的搭配来理解词义并学会正确使用。

第61题，用实物或图片直观展示来解释词语的意思。

第62题，利用词语之间的聚合关系，依照一个固定的语义群或话题，将相关词语同时讲解或复习，使新旧词语互相对照。

第63题，对语义相近的词进行比较，在比较中发现它们的区别。

64. B

此题考查初级综合课的教学步骤。

应该先组织教学、后导入新课，因此排除C和D。初级阶段综合课一般先处理生词和语言点，再处理课文，因此选B。

65. C

此题考查组织教学的操作方法。

组织教学的目的是营造良好师生关系，让学生快速进入学习状态，因此A、B和D都是正确的。选项C，中国相声无论是生词量还是背景知识都难度过大，不适合初级阶段的学生。用3分钟时间播放相声达不到组织教学的目的。

66. B

此题考查综合课课文讲练的步骤。

初级综合课课文讲练的基本步骤是：展示理解课文——朗读操练课文——复述表演课文。

67. A

此题考查生词讲解的方法。

讲解生词时，用动作直接展示生词的意思是直接释义法。

68. A

此题考查赴任国文化禁忌。

在泰国，抚摸他人头顶是一项禁忌，因为泰国人认为人的头是神圣的。

69—72. C　A　E　D

第 69 到 72 题考查偏误句的偏误原因。

第 69 题，学生想说的是“You are flattering me”，“flatter”在英语中是中性词，而对应的汉语词“吹捧”是贬义词，因而出现了偏误。

第 70 题，英语的“open”可以和“eyes”搭配使用，但与“open”意义对应的汉语词“开”不能和“眼睛”搭配使用。

第 71 题，英语的“meet”和汉语的“见面”意思上是对应的，但用法上不同，“见面”是离合词，后面不能再加宾语，应该说“跟我的语伴见面”。

第 72 题，英语中的“fat”可以指动物，也可以指人，对应到汉语中有两个词：“肥”和“胖”，指动物用“肥”，指人用“胖”。

73. A

此题考查对二语学习者年龄特点的分析。

《跟我学汉语》的教学对象是 15 岁—18 岁的青少年第二语言学习者，这个年龄段的学习者处于幼年学习者和成年学习者的过渡阶段，形象思维能力比较突出，同时抽象思维能力也开始逐渐增强，A 正确。选项 B、D 是成年学习者的特点，选项 C 是幼年学习者的特点。

74. B

此题考查美国 21 世纪“5C”外语学习标准。

“5C”标准包括：沟通（Communication）、文化（Cultures）、贯连（Connections）、比较（Comparisons）和社区（Communities）。

75. A

此题考查教材编写中课文话题的选择。

课文话题应该是和学校生活、日常生活密切相关的，我们应该避免讨论敏感话题、超出学生背景知识的话题和冷门话题。选项 B 中的“种族偏见”是敏感话题，选项 C 中的“教育政策”超出了学生的背景知识，选项 D 中的“珠心算”过于冷门，均可排除。

76. C

此题考查词语的构成方式。

“暴跌”属于偏正式，与 C 项“净增”一致，A 项属于支配式，B 项属于并列式，D 项属于补充式。

77. B

此题考查汉语教材和学生水平以及需求的匹配。

从材料中可看出该班学生有商务汉语的需求，选项中只有 B 项符合该需求。《汉语教程》是面向意在长期学习汉语的学习者的一套综合性汉语教材，《体验汉语：生活篇》（进阶）是面向短期学习汉语的学习者的一套综合性教材，《快乐汉语》是面向海外中学生的一套综合性汉语教材。

78. D

此题考查几种常见的汉语水平考试。

学生学习的是商务汉语，可以通过 BCT（商务汉语考试）检测一下自己的汉语水平。HSK 是母语非汉语者的汉语水平考试，HSKK 是汉语口语水平考试，YCT 是母语非汉语的中小学生汉语水平考试。

79. D

此题考查设计课堂活动时要考虑的因素。

学生特点是必须要考虑的，比如针对青少年和针对成人学习者应设计符合年龄特点的不同的课堂活动。在思考什么时候需要活动以及需要什么样的活动时必须要考虑不同地区、不同学校的课程要求。在不同的教学阶段，要针对不同的教学内容设计相应的课堂活动。而设计活动时并不需要特别考虑遵循的是何种理论。

80. A

此题考查课程类型。

学生使用的是商务汉语教材，说明学生有学习商务汉语的特殊需求和目的，因此 A 选项为正确答案。其他如科技汉语、旅游汉语等都属于特殊目的课。B 选项专项技能课指的是听、说、读、写、翻译这些侧重某个方面的语言技能的课程，C 选项指的是如中国地理、文化风俗之类的课程，D 选项指的是语音、词汇、汉字、语法这类以语言要素作为划分依据的课程。

81. C

此题考查拓展练习的设计。

好的拓展练习应该与教学内容相关，并能让学生在活动时提高对课堂所学内容的应用能力，比如对目标词汇、结构的使用等，而且不宜过易或者过难。A 选项的活动必然会引入大量有关股票市场的词汇，除了"暴跌""暴涨"外，其他都需要自行准备才能表达出来，挑战过大；B 选项的要求是列举企业名字，因此可以预期答案比较简单，难以达到拓展练习的目的；D 选项过于宽泛，发生的大事件很多，可能跟本课内容完全脱离关系，因此也达不到让学生练习课堂所学内容的目的。相比之下，C 选项是最优选择，虽然也有挑战，但是限定了活动的情景，与课堂所学最贴近。

82. B

此题考查认知方式。

"场依存型"的概念最早由美国心理学家赫尔曼·威特金提出，是指个体较多地依赖自己所处的周围环境的外在参照，以环境的刺激交往中定义知识、信息。材料中，该生说句子时很谨慎，并且容易受到他人影响，因此属于场依存型的学习者。

答题方法与技巧：A、B 矛盾，答案在 A、B 中的可能性较大。

83. D

此题考查课堂上老师如何有效纠音。

纠错时，两种极端的做法——逢错必纠和完全不纠都是不可取的。材料中学生们正在成组练习，在该阶段中，如果不造成交际的中断或者语意的误解，老师可以不打断，不纠错，而是随时记录，并放到学生表达完以后对典型错误统一纠正。

84. B

此题考查老师对课堂突发状况的处理。

B选项的做法会打乱课堂教学的节奏，影响教学计划的完成，甚至在一定程度上助长这位学生的"嚣张气焰"，因此被学生"带跑偏"的做法体现了老师缺乏课堂管理能力，B的做法是不对的。

85. A

此题考查教学评估的类型。

形成性评估是在教学活动进行过程中，老师对学生学习的进展情况、策略等进行监控和评价，以便及时反馈，调整教学。江老师随堂记录学生的表现并以此调整教学方案，因此属于形成性评估。

86. C

此题考查老师对问题行为的处理。

C项的做法可以起到提醒学生的作用，又不容易引起他人注意，避免让学生难堪，因此是最优选择。A、D是极端做法，首先排除。B虽然也能起到提醒学生注意听讲的作用，但对交头接耳，甚至私下聊天的学生作用不大。

87. A

此题考查课堂活动与学习者水平、学习者身份的匹配。

依据材料中讨论的"天气"话题所涉及的词汇和表达，可以判断学生处于初级水平，也可以看出来活动虽有趣味性但是更多是聚焦于词汇的掌握、语言点的练习和跟天气预报相关内容的表述，因此A选项最适合。

88. B

此题考查课堂活动的产出目标。

根据材料中的活动目标，本课的新学语言项目是：表述方位、天气的词汇和介绍天气的语句。可见日期表达不是新学语言项目，因此选B。

89. D

此题考查课堂活动跟学习者水平的匹配。

通过案例可以看出来该课内容属于初级水平，而中央电视台"天气预报"节目的视频这种真实语料无论是从表达的难度还是说话的速度都远远超过目前学生的水平，因此不适合作为本课教学设计的内容，正确答案为D，适用性不足。

90. A

此题考查课堂活动设计的理论基础。

情感过滤假说指的是焦虑对语言输入和输出的影响，该理论的提出者克拉申认为适度的焦虑有利于语言的习得，而过多的焦虑或者完全不焦虑都对第二语言的学习带来负面的影响。该理论与教学活动设计并无关系。

91. B

此题此题考查中国地理常识。

东北地区的气候类型，主要是温带湿润、半湿润大陆性季风气候，而拉萨则属于高原温带季风气候。

92—95. C A B E

第 92 到 95 题考查语言测试的评析标准。

第 92 题，区分度，指的是能否区分被试者的水平。区分度的取值范围是－1～＋1。一般情况下，区分度应为正值，即积极区分，数值越大越好；若区分度为负值，为消极区分，说明题目有问题；若区分度为 0，则无区分作用。

第 93 题，效度，又称有效性，指一项测试能够测出它想要的东西的程度。

第 94 题，信度指测试结果的可靠性、一致性和稳定性程度。也就是说，信度指的是在不同的时间或不同的测试条件下，使用同一个测试（或同一个测试的不同版本），对同一组被试实施多次测试所得结果的一致性或稳定性程度。

第 95 题，难易度，通常称作难度，实际上是“易”度。用 P 来表示，P＝答对的人数/参加考试的人数。取值范围从 0 到 1，难易度越大，答对的人数越多。

96. B

此题考查文学知识。

“范进中举”出自《儒林外史》，这是清代小说家吴敬梓的一部写实主义讽刺小说，把不同人等在功名利禄面前的面貌描绘得入木三分。

97. A

此题考查科举考试的基础知识。

“中举”是指得中举人。科举考试从低到高分为四级：县试/府试/院试（县级）、乡试（省级）、会试（中央级）、殿试（皇帝钦考）。院试录取者称为“秀才”，乡试录取者称为“举人”，会试的录取者称为“贡士”，殿试录取者称为“进士”。所以，范进得中举人，是因为参加乡试被录取。

98. D

此题考查修辞手法。

汉语中，男子可以将妻子的父亲尊称为“泰山”，因泰山乃五岳之首，故又叫“岳父”，以山喻人，属比喻。A、B、C三项中的画线词，都属于借代。“巾帼”是妇女的头巾和头发上的装饰物，以此代指女性；“须眉”是男人的胡须和浓眉，以此代指男性；“蛾眉”是细长而弯曲的眉毛，在此代指面容姣好的女子；“红领巾”是少先队员的标志之一，代指少先队员。D项“泰斗”指泰山和北斗，比喻地位极高而受敬仰的人。

99. B

此题考查中国近代史常识。

科举制度在清末（1905年）被废除。戊戌变法、预备立宪、洋务运动、中日甲午战争分别发生于1898年、1908年、1861—1894年、1894年，故选择B。

100. C

此题考查科举制度在世界的影响。

早在中世纪，就有来华的外国人将中国的科举介绍给欧洲国家，其中，英国兴趣最甚，不少学者和官员都主张仿效中国，公开考试选拔人才，这一主张最后落实在了1853年向国会提交的《关于建立英国常任文官制度的报告》(英文习惯以报告的两位撰写人命名，称 *Northcote-Trevelyan Report*)。报告中的主要观点就是建议借鉴科举制度，通过公开的考试选拔文官。

说明：第三部分“综合素质”为情境判断题，考查考生的个人态度倾向，没有统一的标准答案。